Anne Nivat

ISLAMIŞTII
CUM NE VĂD EI PE NOI

ANNE NIVAT (n. 1969), reporter cunoscut, stabilită în Rusia, a scris articole despre conflictul cecen pentru *Ouest-France* și *Libération*. În 2000, experiența ei de război i-a adus premiul Albert-Londres pentru *Chienne de guerre* (Fayard). De la atentatele din 11 septembrie, parcurge, pe cont propriu, cele mai periculoase teatre de operațiuni, în Asia centrală, în Afganistan, în Irak. Este autoarea multor cărți, printre care *Chienne de guerre* (2001, premiul Albert-Londres), *La Maison haute* (2004), *La guerre qui n'aura pas eu lieu* (2004), *Lendemains de guerre en Afghanistan et en Irak* (2004), *Par les monts et les plaines d'Asie centrale* (2006), toate publicate la Fayard. Anne Nivat trăiește în prezent atât la Paris, cât și la Moscova și colaborează în mod regulat cu săptămânalul *Le Point*.

Redactare: Marieva Cătălina Ionescu
Tehnoredactare computerizată: Mihaela Ciufu
Design copertă: Dan Mihalache
Ilustrație copertă: *Tinere din Sarajevo, Bosnia și Herțegovina* © Kashfi Halford

Anne Nivat, *Islamistes. Comment ils nous voient*
Copyright © Librairie Arthème Fayard 2006

Toate drepturile asupra ediției în limba română aparțin
GRUPULUI EDITORIAL CORINT.

ISBN 978-606-793-016-0

Descrierea CIP a Bibliotecii Naționale a României
NIVAT, ANNE
    Islamiștii : Cum ne văd ei pe noi / Anne Nivat ;
trad.: Luiza Gervescu. - București : Corint Books, 2016
        ISBN 978-606-793-016-0
    I. Gervescu, Luiza (trad.)
    32.019.5(5-15)"19/20":008(4+73)

Anne Nivat

ISLAMIŞTII
CUM NE VĂD EI PE NOI

Traducere din limba franceză
de Luiza Gervescu
Prefață de Dominique Wolton

ISTORIE

Complicelui meu mult-iubit.

Prefață

Lucrarea Annei Nivat este foarte utilă, pentru că, de data aceasta, inversează privirea. Nu occidentalii privesc și critică, ci ceilalți îi privesc și reacționează la privirea lor. Occidentul democratic stăpânește mijloacele de informare în masă și este sigur că poartă lupta dreaptă împotriva fundamentalismului. Dar ceilalți refuză această schemă și reacționează la fluxul de imagini și informații. Până la urmă, privirea lor nu este mai blândă decât a noastră. Și fiecare este convins că are dreptate.

Cum s-a ajuns la o asemenea prăpastie de comunicare? Cum se face că acum, când există mai multe mijloace de informare decât oricând, este atât de puțină înțelegere? De ce creșterea considerabilă a numărului de informații pe parcursul a patruzeci de ani, care ar fi trebuit să apropie punctele de vedere, le îndepărtează și mai mult? Informația occidentală, care se dorea mondială, s-a întors la destinatar și a fost identificată cu imperialismul. Cum să ieșim din această confruntare? Nu e „războiul imaginilor", ci al lipsei de comunicare, care a devenit vizibilă odată cu mondializarea informației.

În mod naiv, occidentalii au dorit ca satul global, adică abundența tehnicilor și a informațiilor, să creeze un minimum de înțelegere reciprocă și, mai ales, să favorizeze adeziunea la valorile lor. Descoperă Turnul Babel! De ce? Pentru că au crezut multă vreme că valorile lor vor fi împărtășite de toată lumea. Au ignorat prea mult alte viziuni asupra lumii, iar acestea își arată astăzi ostilitatea față de modelul democratic și occidental, în ceea ce privește nu numai informația, ci și organizarea societății. Înainte să criticăm modul în care ne privesc islamiștii, trebuie, mai întâi, să înțelegem în ce fel privirea noastră, dominantă la scară largă, a putut, pe termen lung, să fie percepută ca o agresiune și să hrănească ostilitatea de azi. Refuzul justificat al lumii occidentale cu privire la fundamentalism nu trebuie să ne împiedice să formulăm următoarea întrebare: ceea ce a fost spus și difuzat cu privire la lumea arabo-musulmană de patruzeci de ani încoace nu este oare la fel de caricatural ca toate lucrurile pe care le spune islamismul despre Occident?

Aici trebuie amintite trei aspecte. Finalul conflictului Orient–Occident a simplificat viziunea lumii în favoarea Occidentului. Înainte, era vorba de dualitate și antagonism. Astăzi, orizontul democratic occidental pare, în același timp, singurul și cel mai bun. Devine etalonul, uitând că sinonimul capitalismului nu este democrația și că există mai mult de o definiție a democrației. În mod paradoxal, finalul războiului rece nu a adus o mai mare deschidere către toleranță. Mișcarea a fost accentuată de mondializarea informației, croită, din 1980 până în 2000, după tipar occidental, mai ales nord-american. Acest proces l-a întărit pe cel provocat de mondializarea economiei: nevoia de a păstra rădăcinile culturale. De fapt, mondializarea economică destabilizează identitățile culturale, situație accentuată de mondializarea informației. Cele două aspecte se completează reciproc și explică faptul că, de douăzeci de ani încoace, revendicarea identităților culturale s-a intensificat. A-l vedea pe celălalt în permanență întărește nevoia de a fi tu însuți. Fundamentalismul nu este decât culmea vizibilă și cea mai detestabilă a unei mișcări mult mai complexe de reafirmare a identităților culturale.

Vestitul triunghi infernal al secolului XXI – *identitate-cultură-comunicare* – nu este decât la început în ceea ce privește sfidarea politică. După economie și politică, va trebui ca mondializarea să învețe să gestioneze diversitatea culturală, problemă, să ne reamintim, și mai acutizată de mondializarea informației. Recunoașterea în cadrul UNESCO, pe 21 octombrie 2005, a principiului respectării diversității culturale de către 146 de state din 154 prezente, cu doar două voturi împotrivă, din partea Statelor Unite și Israelului, se înscrie în aceeași direcție a respectării identităților culturale. Cu alte cuvinte, excesele islamismului nu trebuie să ne facă să uităm că, dincolo de acest extremism, asistăm la nașterea unei revendicări pentru respectarea identităților culturale. Ceea ce este astăzi în joc în ce privește islamismul va fi în joc și în legătură cu alte elemente culturale: limbi, patrimonii, teritorii, memorii, religii etc.

Recunoașterea diversității culturale ne obligă să recunoaștem valoarea tuturor diversităților. Nu este vorba numai de aceea a țărilor bogate în raport cu dominația economică a industriilor culturale americane. Este vorba despre diversitățile tuturor culturilor, în special ale celor din Sud, aflate într-o situație de dublă inegalitate: față de Statele Unite și față de restul lumii occidentale. Dar lumea musulmană, în dimensiunea sa culturală (și chiar dacă unele dintre statele care o compun sunt foarte bogate), se simte în majoritate legată de Sud, în orice caz insuficient apreciată pe planul culturii și al civilizației. Este clar că, de o jumătate de secol încoace, există un soi de inegalitate culturală între cele trei monoteisme, în detrimentul Islamului, devalorizare pe care nu o regăsim deloc, spre exemplu, în cazul culturilor și civilizațiilor asiatice. Cu alte cuvinte, musulmanii sunt cei care se simt, cel mai adesea, umiliți de două ori: mai întâi prin faptul că sunt asimilați cu islamiștii; apoi, din pricina caricaturii occidentale asupra lumii arabo-musulmane, pentru care, până la urmă, islamismul ar fi în anumite privințe adevărata oglindă... Ce ar spune creștinii și evreii dacă restul lumii i-ar asimila pe extremiști cu esența acestor două religii?

Miza păcii politice viitoare constă în a suporta consecințele emergenței culturii ca nouă miză politică. Cum poate fi respectată această diversitate fără a o ierarhiza și fără a o transforma într-o juxtapunere de domenii nobiliare comunitare? Putem face ca toate culturile să conviețuiască fără a le ierarhiza? Da, cu condiția să fim modești. Să nu mai credem că Occidentul deține adevărul ultim și sensul democrației, când faptele, la scară mondială, relatate de mijloacele de informare în masă arată, într-o manieră flagrantă, decalajele între valori și realități. Să recunoaștem că celelalte popoare și culturi nu ne împărtășesc punctul de vedere, să înțelegem viziunea lor asupra lumii. Să nu facem ierarhii numai în funcție de noi. Într-un cuvânt, să recunoaștem importanța și, în cele din urmă, egalitatea cu Celălalt. Acest Celălalt pe care toată istoria lumii între secolul al XVII-lea și secolul XX l-a ierarhizat atât de puternic în raport cu Europa, apoi în raport cu Occidentul în ansamblu.

Celălalt vrea să se facă recunoscut prin demnitatea sa. Vor fi din ce în ce mai mulți „pe baricade" pentru a-i obliga și pe unii, și pe ceilalți, și mai întâi Occidentul, să recunoască și alte filozofii ale lumii decât cele proprii. Va fi mai ușor pentru Occident să nu renunțe la valorile occidentale – care, adesea, în ciuda greșelilor și trădărilor, rămân totuși mai universale decât altele –

odată ce, înainte, a dat dovadă de mai multă înțelegere față de Celălalt. Celălalt nu are întotdeauna dreptate; are pur și simplu aceeași legitimitate ca și noi. Învățarea dialogului, descoperirea lipsei de comunicare, obligația de a ne respecta reciproc și de a găsi un teren de conviețuire; mondializarea economică, finalul conflictului Orient–Occident, performanțele tehnice ale globalizării informației sunt o invitație, neprevăzută, dar salutară, la recunoașterea Celuilalt.

Pe acest plan, mijloacele de informare în masă au jucat un rol considerabil. Au accelerat cursa bumerangului, solicitarea de recunoaștere și legitimitate. Această mondializare – al cărei simbol a fost CNN-ul, din 1980 până la începutul anilor 2000, când au apărut alte canale de informație mondiale, inclusiv arabe – fusese concepută ca mijloc de a difuza cu mai multă ușurință modelul democratic occidental. Exact aceleași mijloace de informare în masă au fost considerate prea mult timp ca niște „țevi" care au drept sarcină transmiterea mesajului celui „bun". Pur și simplu subevaluaserăm inteligența critică a receptorilor și uitaserăm de efectul de bumerang al propriilor noastre caricaturi făcute Celuilalt.

În această privință, Occidentul plătește insuficiența reflecției teoretice asupra statutului mass-media și a comunicării în general, asupra inteligenței receptorilor, asupra profunzimii și fineții culturilor non-occidentale. A reduce respingerea actuală a Occidentului la o manipulare orchestrată de islamiști ar însemna să dăm din nou dovadă de reducționism, să nu înțelegem nimic din sentimentul de profundă nedreptate și umilință resimțite în special de opinia publică arabo-musulmană, din nevoia lor de respect și demnitate. Ajunge să privim violența cu care reacționează Occidentul la caricaturile ce-i sunt uneori adresate pentru a vedea în ce măsură, de la finalul celui de-al Doilea Război Mondial, lumea arabo-musulmană a fost, în ansamblul său, considerată o civilizație „de mâna a doua", incapabilă să se adapteze „modernității". Și rămânem uimiți când mass-media occidentale ating o putere tehnică și economică de neegalat, amplificând aceste reprezentări și stârnind, în replică, o violență fără precedent împotriva Occidentului. O violență care nu are mare lucru în comun cu islamismul, dar la care încercăm să îl reducem, din lipsa analizei și a deschiderii.

Astăzi, comunicarea nu mai are sens unic. Nu mai înseamnă doar a transmite. Înseamnă a învăța că schimbul necesită timp și efort. Dar este cu atât mai complicat cu cât economia occidentală este, de asemenea, obligată din ce în ce mai mult să țină cont de puterea concurențială a țărilor emergente. Și mai dificil va fi pe plan cultural, căci aici nu există deloc ierarhii. De la Carta ONU din 1945 până la declarația asupra diversității culturale din 2005, orizontul nu s-a schimbat: dacă oamenii sunt inegali din punctul de vedere al economiei, al societății, al educației, sunt, totuși, egali din punctul de vedere al culturilor, al religiilor și al sistemelor simbolice. Astfel, mijloacele de informare în masă au devenit lupa inegalităților existente în aceste domenii.

Toate acestea ne obligă să regândim teoretic statutul și rolul mass-media în orice proiect de comunicare interculturală. Să le valorizăm, în sfârșit, într-un moment în care mulți au crezut, cu naivitate, că internetul le poate rezolva toate problemele. Să reflectăm la complexitatea secvenței *comunicare – lipsă de comunicare – conviețuire*. Trebuie de asemenea să revalorizăm importanța politică și culturală a teoriilor comunicării, inseparabile de o filozofie a societății și, până la urmă, a omului. În sfârșit, să recunoaștem inteligența critică a receptorilor și necesitatea de a le asculta punctele de vedere.

Pe scurt, este vorba de a ieși dintr-o filozofie a comunicării redusă fie la performanța tehnicilor, fie la transmisie, fie la informație, fie la economie.

Într-o lume deschisă și care a devenit la fel de transparentă ca și a noastră, comunicarea este un proces neapărat mai complex decât informația. Informația înseamnă mesajul, oricare ar fi el, în timp ce comunicarea este relația, rareori complementară, dintre emițător, mesaj și receptor. Dincolo de mondializarea informației regăsim aici rolul complex, subestimat la scară largă, al reprezentărilor, prejudecăților și stereotipurilor prezente în orice proces de comunicare. Se credea că informația obiectivă sau cinstită avea să reducă rolul zvonurilor, reprezentărilor, stereotipurilor și prejudecăților. De fapt, nu se întâmplă nimic din toate acestea!

De când oare o informație și o comunicare respectuoase despre Celălalt pot reduce influența stereotipurilor? Întrebarea devine din ce în ce mai complexă. Cu atât mai mult cu cât răspunsul ne obligă să ținem seama de istoria partenerilor, și mai ales de existența sau absența regimurilor democratice. De fapt, este sigur că, mai ales în asemenea regimuri, grație pluralismului și recunoașterii Celuilalt, putem ajunge cel mai ușor la o coabitare autentică. Altfel spus, pentru a trece de la informație la comunicare și la coabitare, trebuie să îndeplinim două condiții: regimurile democratice și aportul cunoștințelor. Într-adevăr, multitudinea de informații nu e suficientă pentru a crea o comunicare mai intensă, dacă nu există, în mod simultan, cunoștințe, adică școli și industrii culturale care să ofere cunoștințele necesare pentru interpretarea informațiilor. Toate acestea nu vor duce la dispariția ideilor preconcepute, dar vor lărgi condițiile unei înțelegeri reciproce mai bune. Astfel, informația și comunicarea sunt mereu chestiuni politice. Astfel, începând să arate respect față de Celălalt, Occidentul dispune de atuuri reale în dificila organizare a comunității internaționale.

Într-adevăr, trecând de la informație la comunicare, trecem de la o lume dominată de Occident la o lume unde va trebui să coabităm cu multiple sisteme de valori. Între cele două, există regatul zvonurilor, al reprezentărilor și al stereotipurilor. Atât în anii '60, în legătură cu tema satului global, cât și în anii 2000, în privința societății informaționale, am abordat această chestiune atât de complicată a relației și a negocierii cu Celălalt din cel mai ușor punct de vedere, cel al tehnicii. După revoluția tehnică, istoria, cultura și societățile își reiau locul meritat. Chestiunea islamismului și a islamiștilor nu este deci decât oglinda unei probleme mai complexe, care va fi abordată la nivel mondial: cea a organizării comunicării, adică a obligației de a-l recunoaște pe Celălalt, de a gestiona lipsa de comunicare, de a învăța negocierea și construirea coabitării cu el.

Munca Annei Nivat este esențială din acest punct de vedere. Interzicându-și, grație unei mari culturi profesionale, orice judecată *a priori*, și oferindu-ne acces la acea viziune pe care o au islamiștii despre noi, ea ne obligă să reflectăm. Nu există pace, toleranță, comunicare, fără a fi, mai întâi, capabil să îl asculți și să îl înțelegi pe Celălalt. Acesta este rezultatul neașteptat și salutar al mondializării: accelerarea procesului de învățare a coabitării culturale.

E adevărat că toate acestea nu ar putea să fie clădite pe un relativism cultural absolut. Viața internațională este, din fericire, reglementată de valori umaniste democratice care, chiar dacă nu sunt mereu respectate de toată lumea, constituie totuși singurul nostru orizont normativ pentru a evita oroarea unui război al civilizațiilor.

Cum să facem mai multe eforturi pentru a-l înțelege pe Celălalt și, în mod reciproc, cum să facem pentru a nu ceda unor principii indispensabile atât unei tabere, cât și celeilalte? Aici intervine calea comunicării normative: să împărtășim mai puțin ceea ce avem în comun și, mai degrabă, să învățăm să coabităm în pace, în ciuda a ceea ce ne desparte.

Dominique Wolton

Introducere

Vreme de câteva săptămâni, începând cu 21 ianuarie 2006, o controversă uluitoare a pus pe jar câteva țări europene și musulmane după ce în Danemarca un cotidian conservator a publicat câteva caricaturi „jignitoare" pentru musulmani, una dintre ele reprezentându-l pe Profet, care purta pe cap un turban în formă de bombă cu fitilul aprins. De la această publicație, o flacără colectivă primitivă, dar profundă, de natură să susțină teama Islamului și respingerea sa de către occidentali, a travesat Afganistanul, Indonezia, Siria, Azerbaidjanul, Pakistanul, Cașmirul și Iordania, mobilizând mulțimile până în Nigeria.

La Teheran, s-a întâmplat de două ori ca niște indivizi furioși să intre în ambasada Danemarcei; în Siria au fost arse de mai multe ori steaguri daneze, israeliene și americane, în timp ce la Peshawar, nu departe de frontiera pakistanezo-afgană, mii de musulmani au manifestat la chemarea parlamentului local, dominat de islamiști. Pe una dintre pancardele lor se putea citi: „A-l insulta pe Profet înseamnă a insulta Islamul!" În Afganistan incidentele au mers până într-acolo încât au provocat moartea a șapte persoane[1]. Chiar și mica Cecenie iredentistă s-a alăturat concertului națiunilor care strigau „Blasfemie!": marți, 7 februarie, Ramzan Kadyrov, prim-ministrul guvernului cecen pro-rus, a decis să expulzeze din Groznîi Consiliul danez al refugiaților[2] (DRC), una dintre rarele organizații nonguvernamentale prezente în această țară și în toate republicile vecine de la începutul celui de-al doilea conflict, și printre cele mai eficace. Când mânia a început să se intensifice, produsele daneze și norvegiene au fost boicotate (să remarcăm faptul că în Arabia Saudită

---

[1] Miercuri, 8 februarie 2006, la Qalat, capitala provinciei Zabul, trei persoane au fost ucise și șaptesprezece rănite în ciocnirile cu poliția, care a deschis focul împotriva unei mulțimi de patru sute de manifestanți. Aceștia asaltaseră cartierul general al poliției. Cu o zi înainte, atacarea unei tabere de trupe norvegiene NATO la Maimana făcuse patru morți și cincisprezece răniți printre atacatori și șase răniți printre soldații norvegieni.

[2] Acest Consiliu este compus din aproximativ treizeci de organizații, care lucrează din 1997 cu refugiații în această republică caucaziană mutilată de război.

unele firme franțuzești mari au afișat politicos la intrarea în magazine anunțul că nu vând produse daneze), reprezentanții diplomatici au fost jefuiți și multe țări, printre care Iranul și Arabia Saudită, și-au exprimat indignarea „oficială", unele mergând până la a-și chema în țara de origine ambasadorul în funcție la Copenhaga.

Dincolo de polemică, scandalul caricaturilor ilustrează cât de ușor devine, când vine vorba despre Islam, să sufoci moderația și să anulezi orice dezbatere. Oare acest lucru se întâmplă deoarece „catalogul" islamismului terorist (atentatele din 11 septembrie 2001 de la New York, cele din martie 2004 de la Madrid și cele din iulie 2005 de la Londra) a intensificat amalgamurile și a estompat mai mult bariera dintre musulmani și islamiști? Cu atât mai mult ar trebui să știm ce presupune această ultimă noțiune. Conform definiției general acceptate, un „islamist" este un partizan al întoarcerii la izvoarele Islamului. Totuși, în afara lumii musulmane, cuvântul desemnează un militant al Islamului politic perceput ca o derivă de la Islamul religios (să subliniem că, din punctul de vedere al mediilor care se reclamă a fi doar ale Islamului, această distincție nu există: Islamul, deși are două componente, politică și religioasă, este unul singur).

Oricum, unii „islamiști" vehemenți au acuzat presa europeană și pe occidentali în general că batjocoresc permanent credința musulmană în numele libertății de expresie, că votează legi împotriva musulmanilor, pe care nu-i înțeleg, încercând numai să le impună viziunea lor asupra lumii. Cât despre sutele de mii de musulmani care trăiesc în Europa, aceștia s-ar simți adeseori tratați ca cetățeni de mâna a doua, sau ca potențiali teroriști, în țările care, spun ei, nu acordă importanța cuvenită religiei lor. Pentru latura extremă, este chiar din ce în ce mai tentant să se prezinte ca victime ale „islamofobiei înconjurătoare" sau ale măsurilor „discriminatorii" care privesc cazarea și locurile de muncă. Cât despre occidentali, unii dintre ei percep aceste minorități ca fiind „amenințătoare". În ambele tabere, resentimentele ies la suprafață și discursul se radicalizează, așa cum o dovedește un editorial recent al cotidianului olandez *NRC Handelsblad*[1], care afirmă că „în țările europene cu minorități musulmane puternice și în creștere există o mare temere că

---

[1] Citat de Alan Cowell în *New York Times* din 8 februarie 2006, „West Beginning to See Wide Islamic Protests as Sign of Deep Gulf".

în spatele solicitării lor de a fi respectate (în privința religiei) se ascund alte interese: și anume amenințarea că toată lumea trebuie să se adapteze la legile Islamului". În același timp, în Irak, în Pakistan și în Afganistan, populațiile se tem de exact opusul acestei situații: să nu le impunem musulmanilor să trăiască în conformitate cu legea occidentală, așa cum am auzit în repetate ocazii în timpul interviurilor care stau la baza acestei cărți.

De ce atâta înflăcărare? De ce, în Occident, cei care apără libertatea de expresie, și, în Orient, predicatorii Islamului par să se grăbească să dea viață scenariului unui „șoc al civilizațiilor", această scurtătură simplistă susținută de eseistul american Samuel Huntington[1]? Furia și cacofonia au invadat atât de tare sfera mediatică, încât vocile moderate au ieșit la iveală cu întârziere. La începutul lunii februarie, Tariq Ramadan, intelectualul elvețian cunoscut pentru pozițiile sale extremiste (căruia, să ne amintim, îi este încă interzis să intre pe teritoriul american), încerca totuși să calmeze jocul după ce deplânsese stadiul exagerat la care ajunsese: „Musulmanii

---

[1] *Cf.* Samuel Huntington, *Șocul civilizațiilor*, Odile Jacob, 1997.

vor scuze, amenință să atace interesele europene, și chiar persoanele; unele guverne și unii ziariști occidentali refuză să se supună amenințărilor, iar anumite mijloace de informare în masă pun paie pe foc publicând, la rândul lor, caricaturile[1]. Majoritatea popoarelor lumii observă aceste excese cu nedumerire: ce nebunie a cuprins lumea?" se întreba el, înainte de a afirma: „Trebuie totuși să găsim modalitățile de a ieși din acest ciclu infernal și să le cerem tuturor să nu mai arunce paie pe foc, pentru a începe, în cele din urmă, o dezbatere serioasă, profundă și calmă. Nu, nu este vorba de un *clash* între civilizații; nu, ceea ce se întâmplă nu simbolizează confruntarea dintre principiile Luminii și cele ale religiei. Nu, de trei ori nu. Ceea ce se află în joc în centrul acestui caz trist este compararea capacității membrilor ambelor tabere de a ști să fie liberi, raționali (credincioși sau atei) și, în același timp, rezonabili."[2]

---

[1] Miercuri, 8 februarie, săptămânalul satiric francez *Charlie Hebdo* a publicat din nou desenele incriminate, triplându-și tirajul obișnuit. După ce 160 000 de exemplare s-au vândut în câteva ore, au fost tipărite încă 320 000 de exemplare.

[2] Publicat miercuri, 8 februarie 2006, pe site-ul www.oumma.com și la rubrica „Pași înapoi" a ziarului *Libération*.

Chiar în lumea arabă, cei care se raliau de partea dreptății erau din ce în ce mai puțini. Jihad Momani, jurnalist iordanian și redactor-șef al săptămânalului de scandal *Shihane*, a publicat trei dintre caricaturile controversate, o alegere justificată în editorialul său intitulat „Musulmani din întreaga lume, fiți rezonabili". „Ce aduce mai multe prejudicii Islamului: caricaturile sau, mai degrabă, imaginea unui om care ia ostatici, care îi taie gâtul victimei sale în fața camerelor de luat vederi, sau a unui kamikaze care se aruncă în aer la o nuntă în Amman?" se întreba el. Urmărit de statul iordanian pentru „lezarea sentimentului religios", el a fost imediat arestat și riscă să rămână în închisoare timp de trei ani[1]... În Egipt, un singur cotidian a făcut apel la moderație: după ce a amintit că presa și autoritățile daneze s-au scuzat de două ori față de lumea musulmană, Mohammed Abdel Salam, editorialistul publicației liberale *Nahdet Misr*, le cerea cititorilor săi să renunțe la chemările la boicot și la amenințări. Ceea ce este important, înainte de toate, sublinia el, este să facem

---

[1] Pentru mai multe informații, a se citi Claude Guibal, „Lumea arabă pierde puncte în afacerea Mahomet", în *Libération*, 8 februarie 2006.

Islamul mai bine cunoscut lumii, astfel încât să nu mai fie confundat cu terorismul.

Odată stinsă înflăcărarea, aceste caricaturi și manipularea potențială a mediatizării lor demonstrează politizarea extremă a tot ceea ce ține de reprezentarea lumii musulmane în Occident. Același lucru este valabil pentru reprezentarea Occidentului în lumea musulmană, așa cum reiese din cartea de față. De la începutul secolului XX, occidentalofilia și occidentalofobia se radicalizează în țările Islamice. Apariția noilor mijloace de comunicare, cum ar fi internetul și televiziunea prin satelit, cu ajutorul cărora „Celălalt poate fi văzut" *din ce în ce mai mult și în timp real*, a amplificat antagonismul. Filmul despre dinamitarea de către talibani a statuetelor Buda din Bamiyan sau imaginile distrugerii turnurilor din New York demonstrează cu putere că „războiul imaginilor" face astăzi parte integrantă din strategia teroriștilor anti-occidentali.

Astăzi, orice război trece, *de asemenea*, printr-un război al reprezentărilor, cum s-a întâmplat deja în cazul punerii în scenă a decapitării ostaticilor, sau în cel al emisiunilor occidentale de „realitate televizată" copiate și adaptate pe plan local. Pentru autorii atentatelor din 11 septembrie sau ai luării de ostatici de la Beslan[1], faptul de „a se vedea pe sticlă", adică de a ține cu sufletul la gură mass-media din lumea întreagă printr-un eveniment nemaiauzit, chiar dacă sângeros (și chiar dacă implică moartea actorilor), răspunde aceleiași nevoi de nestăpânit ca aceea a cântăreților în căutare de consacrare de la Academia vedetelor sau a participanților la emisiunea „Loft story". E vorba de nevoia unora de a se face cunoscuți, de a exista, măcar pentru o secundă, în ochii celorlalți. Odată cu înflorirea curentului globalizării și a internaționalizării islamismului, domeniul vizual, deci imaginea, a devenit unul dintre principalele moduri de comunicare și de prozelitism religios și politic al societăților musulmane, care sunt importante consumatoare de imagini. Pretutindeni, în souk-urile din Bagdad, din Bassorah sau în locuințele sărăcăcioase din Quetta sau Kandahar, reprezentările în culori ale lui Ossama Bin Laden, ale molahului Omar, ale lui Ayman al-Zawahiri sau ale lui d'Abou Moussab al-Zarqaoui stau alături, pe pământ șiit, de

---

[1] Pe 1 septembrie 2004, un comando de combatanți ceceni lua ostatice mai mult de o mie cinci sute de persoane, în majoritate copii, într-o școală din Beslan, în Osetia de Nord (Rusia).

cele ale lui Ali, ginerele lui Mahomet, și ale celor doi fii ai săi, Hussein și Hassan.

În detrimentul Occidentului, în ultimele luni mișcările „islamiste" care aleseseră, majoritatea, violența ca mijloc de expresie au câștigat teren, ieșind victorioase în alegerile „democratice" din Orientul mijlociu. În toamna trecută, gruparea „Frații musulmani" a obținut 88 de locuri în Adunarea poporului egiptean, care numără 144 de membri, și s-a impus ca unică forță de opoziție parlamentară. În Iran, 190 din 290 de locuri sunt ocupate de deputați conservatori. În Palestina, pe 21 ianuarie 2006 militanții Hamas au învins vechea mișcare naționalistă, Fatah, și au câștigat cele mai multe voturi în alegerile legislative. În Siria, unde apartenența la Frăție este mereu pasibilă de pedeapsa cu moartea, „Frații musulmani" au semnat un text comun cu opoziția laică și democratică. În sfârșit, în Irak, cu ocazia alegerilor de pe 15 decembrie 2005, islamiștii șiiți au ocupat 128 din cele 275 de locuri din noul parlament. În afară de aceste partide politice recunoscute ca „islamiste", milioane de indivizi calificați ca atare de mijloacele noastre de informare în masă – și anume ca „fundamentaliști", „integriști", chiar „teroriști" – exprimă în viața cotidiană, așa cum pot, legăturile lor cu

Occidentul, adeseori amare, uneori pline de ură, niciodată simple.

Tocmai pentru a încerca să înțeleg viziunea lor cu privire la Occident și la occidentali, am început să fiu interesată de acești „islamiști" în sens larg. I-am întâlnit pe toți, fie că fac parte din mișcarea „ouléma" din Pakistan, fie că sunt talibani afgani sau combatanți irakieni ai jihadului, sau simpli musulmani. Cu riscul de a fi catalogată în mod abuziv drept „simpatizantă", mi s-a părut important să îmi aloc timpul de a-i asculta pe toți – fără să-i judec – pentru a-i face auziți. Lăsând deoparte pentru un timp propria mea viziune asupra lumii, am încercat s-o înțeleg pe a lor. Punându-mă pur și simplu în locul lor, nu mi-a trebuit mult ca să-mi dau seama că ceea ce văd la televizor (noi și obiceiurile noastre, dar, de multe ori, și felul în care îi privim noi pe ei) îi îngrozește, la fel cum pe noi ne sperie imaginile de violență care ne sunt difuzate. Nu mi-a trebuit prea mult timp să-mi dau seama că viziunea pe care o au ei despre noi este la fel de alimentată de stereotipuri ca și aceea pe care o avem noi despre ei.

Episodul „caricaturilor" a arătat probabil că prăpastia poate părea fără fund. Atentatele sângeroase accentuează închiderea membrilor din ambele tabere. Cu toate acestea, sunt în continuare convinsă că singura soluție este dialogul, care începe tocmai prin ascultare reciprocă. O provocare într-o lume în care toate convingerile circulă și se ciocnesc imediat, schematizate excesiv, și în care emoția este adesea mai importantă decât analiza.

ÎN PAKISTAN

Încă de la sosirea pe aeroportul din Islamabad, e imposibil să te sustragi măsurilor de securitate ale administrației pakistaneze: înainte chiar de controlul pașapoartelor, trebuie să fii fotografiat cu minicamere de către Agenția Federală de Investigații, ale cărei logo și metode seamănă în mod ciudat cu cele ale autorităților americane însărcinate cu securitatea teritoriului. După 11 septembrie, pentru a se simți confortabil, administrațiile din întreaga lume, mai ales cele ale aeroporturilor, țin să copieze tot ce e mai bun în materie de securitate în Statele Unite. Așteptând la coadă, un american și un pakistanez din Londra, fără îndoială enervați de noaptea proastă petrecută în avionul supraaglomerat, dar și de decalajul orar foarte neplăcut, se ceartă pe un ton ridicat care să fie fotografiat primul. Americanul susține că el a fost primul la coadă și caută martori. Însă nimeni dintre cei care stau la rând nu se amestecă.

Deși această zi de 11 septembrie 2005 abia începe, atmosfera este încinsă și umedă. Pe drumul care duce către centrul orașului, în engleză și cu litere aurite, cuvintele „Credință. Unitate. Disciplină", unul lângă altul, așezate pe pământ la poalele unui deal, amintesc că țara este supusă pumnului de fier al generalului Pervez Musharraf, care o conduce din 1999. Albe și luminoase în tonurile gri ale zorilor, distingem clar, de departe, minaretele înalte ale moscheei Faycal, denumită astfel în onoarea monarhului saudit care i-a finanțat construcția. Autobuze și camioane decorate vesel se înghesuie pe șosele, depășindu-i pe bicicliștii în *dishdasha* (tunici lungi tradiționale din bumbac). Depășim, de asemenea, multe autobuze japoneze, oferite, desigur, de Imperiul Soarelui-Răsare (dacă este să credem ceea ce scrie pe părțile laterale) orașului Islamabad, un adevărat Washington DC *à la pakistanaise*, cu cartierele sale ordonate precum o tablă de șah, cu bulevardele trasate la linie și cu numeroasele sale spații verzi.

La sfârșitul după-amiezei, chemarea muezinului zguduie toropeala cartierului Lal Majed (Moscheea roșie), unde oficiază Abdoul Rashid Ghazi. Cu pași hotărâți, bărbații se grăbesc spre zidurile pestrițe, vopsite în roz și alb, ale complexului religios. Câteva femei în întregime acoperite de văluri (peste care poartă un *tchador* negru în stil iranian) îi urmează îndeaproape. Pentru a se feri de ploaia care cade deja cu picături mari și rare, un vânzător angro de pantofi își adăpostește marfa sub un copac, între două bălți; crezând că are încă timp, o trecătoare întinde piciorul pentru a încerca o sanda. Ridicând puțin pantalonul de sub tunică, ea lasă să se vadă o piele lăptoasă. Alarme de mașină declanșate brusc urlă la unison și ritmic. Peste șase minute, mulțimea iese, târându-și papucii.

Acum este rândul meu să intru în complexul religios, pentru a-l întâlni pe Abdoul Rashid Ghazi. Director adjunct al *medressah*-ei Jamia Faridia (2 500 de băieți) și Jamia Hafssa (3 000 de fete), una dintre cele mai mari din țară, Abdoul Rashid Ghazi este arestat la domiciliu după ce, în august 2004, a fost acuzat de guvern că a favorizat, împreună cu Al-Qaida, atacurile sinucigașe contra reședinței oficiale a lui Musharraf, a Parlamentului, a ambasadei americane și a cartierului general al armatei. În vârstă de 45 de ani, bărbatul, îmbrăcat în alb, cu barbă și cu ochelari fini cu rame de aur, stă cu picioarele încrucișate într-o cameră goală, cu fața la un calculator cu monitor cu ecran plat, conectat la internet[1]. Întrebarea despre Occident îl enervează imediat pe Ghazi:

„Occidentul vostru, care reunește, de fapt, înainte de toate, interesele a două țări, Statele Unite și Marea Britanie, ne acuză în permanență de toate relele. Auzim spunându-se că aici, în Pakistan, noi vrem ca lumea să se întoarcă la epoca de piatră, că dorința noastră cea mai scumpă este ca lumii să-i meargă din ce în ce mai rău, nu mai bine. Cu Occidentul nu se poate vorbi. Nu ne înțelegem. Toate stereotipurile occidentalilor cu privire la noi, partizanii Islamului, au reapărut după 11 septembrie, și îi sfătuiesc să înceteze să mai facă tot felul de calcule și presupuneri, așa cum au făcut după atentatele de la Londra[2]. Dacă ar exploda o bombă la Islamabad și am descoperi că unul dintre teroriști a stat într-un hotel din Oxford, am acuza imediat Marea Britanie?", se întreabă el, sprijinindu-și cotul într-o pernă aurie și păstrându-și telefonul mobil la îndemână. „De fapt, acest Occident nu

---

[1] În timpul discuției noastre, se va folosi de calculator de trei ori pentru a printa articole despre el și despre arestarea lui de către autorități, în 2005.

[2] Aceste atentate au avut loc la metrou, pe 7 iulie 2005.

urmărește decât un singur scop: să-și extindă dominația alegând ținte foarte precise – așa au procedat cu Afganistanul, apoi cu Irakul, deși este clar acum pentru toată lumea că acest din urmă stat nu poseda vestitele «arme de distrugere în masă». Pentru a-și atinge scopurile, Occidentul ucide fără dovezi, fără motiv, mii de oameni nevinovați, care sunt, în mare majoritate, musulmani."

Maulawi-ul începe apoi să denigreze mass-media internaționale, care, în opinia lui, sunt complet părtinitoare, pentru că prezintă evenimentele complet necinstit. Aruncă o privire la ecran, unde se vedea un site în arabă, și spune:

„Războiul împotriva terorii inventate de Statele Unite produce, de fapt, o teroare și mai mare. Majoritatea elevilor mei care știu limba arabă au plecat deja în Irak pentru jihad. Cum să-i oprești? Nu putem spăla petele de sânge cu sânge – ei bine, asta fac Statele Unite."

Cât despre reforma *medressah*-elor, readusă în discuție după atentatele de la Londra[1], pe

---

[1] După atentatele din 7 iulie 2005 de la Londra, atunci când s-a descoperit că trei dintre cei care puseseră bombe erau de origine pakistaneză și că unul dintre ei chiar studiase într-o *medressah* din Lahore, autoritățile pakistaneze au obligat cele treisprezece mii

reprezentanții Bisericii îi amuză, ei râd de un așa subiect: „Noi nu ne facem decât meseria, adică producem *oulémas*, specialiști în Islam. Dar din cauza acestui faimos jihad lansat împotriva forțelor americane în urma reacției lor la evenimentele din 11 septembrie, ni se cere să scoatem din programă chiar și conceptul de jihad. Pur și simplu imposibil, pentru că jihadul este o componentă primordială a Islamului! Majoritatea occidentalilor îl interpretează greșit și confundă jihadul cu terorismul. E fals! Dacă satul tău este atacat de forțe exterioare, ești obligat să te aperi: iată ce numim noi «jihad». Este, în principiu, o metodă de apărare, dar ofensiva defensivă este de asemenea permisă. Bineînțeles că la fel ne apărăm și oaspeții, dacă sunt atacați", subliniază el (aluzia la Ossama Bin Laden este doar voalată).

„Pentru a combate dușmanul, am primit instrucțiuni: să nu ucidem civili, nici femei, nici copii. Cei care încalcă această regulă comit un act anti-islamic pe care îl dezaprobăm (ceea ce

---

de *medressah* din Pakistan să se reînregistreze și să trimită elevii străini în țările lor de origine. Majoritatea dintre cei o mie opt sute de elevi străini provin din Afganistan, Asia Centrală, Asia de Sud-Est și Africa. Se pare că o mie dintre ei s-au supus și au plecat.

nu înseamnă că autorii săi nu sunt musulmani). Noi, ceilalți *oulémas*, nu vom da nimănui dreptul de a ucide niște nevinovați, dar acei oameni nu cer nicio permisiune! Noi credem că au fost constrânși să acționeze astfel. Și dacă americanii continuă să ucidă nevinovați, numărul lor va crește."

După trei sferturi de oră, când interlocutorul meu începe să aibă din ce în ce mai multă încredere în mine, pentru că a văzut că îl ascult cu atenție, face un semn discret cu capul unuia dintre ajutoarele sale care asistă la discuție, să ne aducă ceai și fructe. Peste câteva minute, așază în fața mea două farfurii de fructe proaspăt curățate și tăiate. *Maulawi*-ul nu se va atinge de ele și continuă să vorbească fără să se oprească; doar sunetul telefoanelor sale mobile ne întrerupe (are și un al doilea telefon, pe care-l scoate din buzunarul *dishdasha*-ului; acesta este legat pe un breloc cu foarte multe chei). Abdoul Rashid Ghazi îmi mărturisește pesimismul său privind viitorul relațiilor dintre Occident și Orient. După atentatul de la Londra, *medressah*-a de fete pe care o conduce a fost obiectul unui raid al poliției pakistaneze, raid foarte violent, de vreme ce au fost rănite mai multe tinere, dar și o femeie gravidă din administrația școlii. (După acel raid, se pare că poliția chiar s-a „scuzat" pentru comportamentul său brutal[1].)

În opinia lui Ghazi, ura față de Occident are diverse stadii: „Deocamdată, nu s-a ajuns până într-acolo încât occidentalii să nu mai poată merge în siguranță pe străzile noastre, dar s-ar putea ajunge și acolo", ne previne el, „căci în ciuda a ceea ce repetăm noi în predici, și anume că guvernele sunt responsabile, populația noastră crede că un cetățean britanic sau american își va susține întotdeauna propriul guvern. Asta ar putea conduce la plasarea de bombe sau la acte de kamikaze în apropierea ambasadelor țărilor în chestiune... Adesea, după rugăciune, unii tineri care ar vrea ca jihadul să se extindă mă întreabă de ce americanii l-au reales pe Bush. Nu știu ce să le răspund. Mă întreabă dacă trebuie să se alăture jihadului din Irak. Cei care vorbesc araba au plecat deja de mult; cât despre ceilalți, eu nu le impun să rămână aici. Așa că cei care vor să plece pleacă."

---

[1] *Cf.* „Pakistan's Islamic Girl Schools", de Jannat Jalil, BBC News, Islamabad, 9 septembrie 2005. După acel raid, trei polițiști au fost chiar suspendați.

Oare „islamiștilor" le este frică de Occident?

„Absolut deloc, răspunde preotul zâmbind; nici pe departe! Chiar înțelegem perfect strategiile politice occidentale. Bush știe clar că *medressah*-ele noatre nu produc teroriști, și același lucru îl știe și Musharraf, dar au fost etichetate astfel din comoditate. Toți atacatorii kamikaze din 11 septembrie au studiat în colegii și în licee. Nici Bin Laden însuși nu este preot, ci inginer de formație! De fapt, Occidentului îi este frică de conceptul însuși de jihad, fără să mărturisească asta în mod deschis. Cu riscul de a pierde și de a se pierde, Statele Unite ar trebui să-și schimbe politica, pentru că sistemul nostru de apărare chiar în sânul Islamului este atât de bogat, încât este invincibil. Priviți ce s-a întâmplat după invadarea Afganistanului de către sovietici. Imperiul sovietic s-a dizolvat, și exact acesta este riscul la care se supune imperiul american! Astăzi, își pierd soldați în Irak zilnic; au pierdut războiul, deși nu vor să recunoască."

Care a fost reacția lui Abdoul Rashid Ghazi după atentatele infame din 11 septembrie? L-au surprins? „Deloc, poate doar prin amploare", răspunde el. „Mai ales, nu mă așteptam ca Statele Unite să fie atât de zdruncinate. La început am condamnat ferm acest act, dar mi-am schimbat puțin discursul când guvernul american i-a atacat pe musulmani, acuzându-i de toate relele. Este întotdeauna trist să asistăm la moartea celor nevinovați, dar, trebuie să recunosc, mi-am spus în acel moment că, într-un fel, americanii o meritau. Și nu sunt singurul care crede asta pe pământul Islamului! America este, în mod foarte clar, dușmanul Islamului, cel puțin după aceste atentate."

Oare intervenția din Irak nu are și un alt scop decât acela de a instaura democrația? Abdoul Rashid Ghazi începe să râdă: „Povestea asta cu democrația e praf în ochi! Să luăm Pakistanul, este aliatul oficial al Statelor Unite în acest război; înseamnă că ar trebui să trăim în democrație aici, dar trăim în dictatură! Președintele nostru a ajuns la putere printr-o lovitură de stat militară, nu ascultă de nimeni și ia toate hotărârile de unul singur[1]. Sunt sub incidența a cincisprezece capete de acuzare și, dacă ies de aici, o să fiu arestat imediat. Puterea judecătorească pakistaneză ascultă de comenzi, evident!",

---

[1] Până în prezent, au avut loc opt tentative de asasinat împotriva lui Musharraf, de la venirea lui la putere, în 1999.

subliniază el. Desigur, i-ar plăcea ca Pakistanul să devină o democrație autentică, dar nu „după model occidental". Oare Statele Unite sunt democratice? Susțin un dictator din Pakistan! De fapt, nu vor să instaureze nicăieri această democrație, nici în Afganistan, nici în Irak, unde vedem bine că strategia cea mai simplă constă în a pune în fruntea țării o marionetă pro-americană."

„Bineînțeles că îl detest pe Musharraf", îmi mărturisește Hafizullah, în vârstă de 32 de ani, un afgan care a crescut într-o tabără de refugiați la Peshawar și care îmi este șofer la Islamabad. Pe bancheta din spate a mașinii, ultimul exemplar al revistei pro-talibane *Srak* (*Flacăra din zori*), având pe copertă imaginea unui bombardament american în regiunea afgană Kunar, unde se înregistrează cea mai puternică rezistență anti-americană începând din septembrie 2001. „Musharraf este la fel de necinstit față de poporul său ca și față de poporul american; poziția lui e insuportabilă, și de aceea va fi asasinat în curând", susține el cu siguranța.

Aerul este umed și aproape arzător pe străzile din acest oraș nou, plăcut, pentru că este verde și curat, un adevărat model de capitală pentru Asia de Sud-Est. În intersecții sunt numeroase gherete de poliție pustii; prezența militară pare minimă — „dar nu e decât o aparență", confirmă Hafizullah, care, în 2004, a fost arestat și aruncat în închisoare în douăzeci și patru de ore, pentru că a mers fără autorizație în zonele tribale pakistaneze împreună cu un jurnalist occidental. „Eu aș fi vrut mult să studiez într-o *medressah*, pentru că mi se pare că toți cei de acolo au un aer radios. Invidiez bucuria permanentă care li se citește pe chip", mărturisește el, care n-a petrecut acolo decât șase luni, când era mai tânăr. „Elevii de acolo par să aibă o legătură directă cu Allah, care mie îmi lipsește", regretă tânărul, deși a ales un stil de viață complet diferit și lucrează în blugi și tricou pentru jurnaliștii în tranzit (în majoritate americani).

Hafizullah mă conduce la un profesor specializat în studiul comparat al religiilor, director adjunct al Institutului de studii politice din Islamabad, o universitate particulară ultramodernă din centrul orașului. Anis Ahmed, în vârstă de 50 de ani, se arată și mai categoric decât Rashid Ghazi. Ca și cum, în Pakistan, cu cât mai instruit era cineva și cu cât știa mai multe lucruri, cu atât mai neplăcut i se părea Occidentul: „Toată lumea vorbește despre «rădăcinile» terorismului fără să încerce cu adevărat să identifice problema: dacă închid o pisică într-o cameră fără să-i dau să mănânce vreme de săptămâni întregi, când voi deschide ușa se va arunca asupra mea", spune cu severitate bărbatul grizonat, care poartă pe deget un impresionant inel din argint. „Occidentul însuși a contribuit la crearea acestei situații, susținând regimurile dictatoriale din Asia de Sud și din Orientul Mijlociu. Societățile noastre musulmane sunt oprimate și nu se recunosc în cei trei stâlpi ai ideologiei occidentale: individualism, pozitivism și empirism."

În biroul său mare și ordonat, cu creioane ascuțite cu grijă, și fără computer, bărbatul evocă diferențele enorme de civilizație între Orient și Occident, de exemplu viziunea despre familie, diferită în Pakistan și în Europa–Statele Unite, unde susținerea rudelor și respectul față de strămoși sunt mai puțin importante, sau chiar complet absente. „În Occident, cineva vorbește despre mașina «lui», frigiderul «lui», în timp ce în țările musulmane noțiunea de proprietate privată a acestui gen de obiecte aparținând societății de consum nu există. Pe de o parte, este vorba de o societate empirică, pe de altă parte, de tradiția islamică. Și rămâne ca fiecare să analizeze realitatea în mod diferit, după propria sa grilă de lectură."

Profesorul încearcă să explice cum văd apropiații săi și musulmanii din regiune Occidentul: „Ne simțim victime ale multor nedreptăți: mai întâi, la nivel politic ni se impun sisteme care nu ni se potrivesc; la nivel economic, în numele vestitei «globalizări», ni se impun viziunile Uniunii Europene, ale Băncii Mondiale sau ale Fondului Monetar Internațional, care seamănă, de fapt, cu o nouă colonizare. Totul, până la mărimea merelor pe care le mâncăm, este hotărât în Occident; în sfârșit, la nivel social și cultural ni se impun comportamente vestimentare (blugi, costum-cravată, fuste mini), obiceiuri muzicale (top 50, muzica pop etc.) și culinare (cultura fast-food). Dacă eu nu le cunosc, nu exist. Organizațiile nonguvernamentale (ONG-uri) occidentale se împământenesc la noi și ne cer să folosim prezervative ca să avem relații sexuale *sigure*! Dar cum își arogă ei dreptul de a ne cunoaște obiceiurile în materie de sexualitate? Toate astea dau naștere setei de revanșă și răspunsurilor necugetate."

Cât despre reforma sistemului școlilor religioase (*medressah*), dorită de guvernul pakistanez după atentatele de la Londra, Anis Ahmed nu o ia în nici un caz în considerare, ca și majoritatea interlocutorilor mei pe acest subiect: „Sub influența colonială, a fost întemeiat un sistem de educație laic, dar, în paralel, școlile Coranului, care garantează păstrarea moștenirii musulmane a țării noastre, au funcționat întotdeauna. Și așa se întâmplă și acum. Dacă școlile laice au început să producă funcționari perfecți capabili să conducă marile administrații ale sistemului, *medressah*-ele au continuat să producă indivizi cunoscători ai Islamului și capabili să îl interpreteze. Occidentul a fost sufocat cu imaginile acelea înfățișând un tânăr musulman aplecat peste cărticica lui galbenă (Coranul), pe care o memorează fără s-o poată pune sub semnul întrebării. Nimic mai fals! Sistemul lăsat de colonizator nu oferea, de fapt, decât puțin loc creativității, această calitate fiind considerată inutilă în cadrul sistemului politic al epocii. La *medressah*, în principiu, elevul avea acces la educație fără să plătească vreo taxă de înscriere. Și acest lucru nu s-a schimbat decât atunci când am fost colonizați."

Pentru Anis Ahmed, spiritul critic, deci curios și capabil de observație, se consolidează perfect în *medressah*, „specificul Coranului fiind chiar spiritul critic. A apărut o imagine greșită a Cărții noastre sfinte: cu cât te vei apropia mai mult de Coran, cu atât vei fi mai dogmatic. Este fals, deoarece Coranul ne cere să explorăm mereu. Din contră, devin dogmatic când nu mă educ, când, tocmai, nu am posibilitatea de a înțelege."

Și el subliniază teama pe care cuvântul „jihad" o trezește în Occident: „Occidentalii sunt îngroziți de acest termen. Dar și în Noul Testament găsim pasaje violente și brutale, pe care putem clădi conceptul cruciadelor!"

Occidentalii sunt ignoranți în materie de Islam, cred musulmanii. Astfel, pentru ei, cel care învață într-o *medressah* este neapărat un fanatic. Ca replică, subliniază profesorul, „pentru islamiștii din lumea întreagă, Occidentul devine diavolul. Mai ales America este satanizată, demonizată. Oare evenimentele de azi din Irak pot să schimbe această tendință? Bine-nțeles că nu!"

Anis Ahmed face bilanțul lucrurilor specifice Occidentului care ar putea plăcea multor oameni de aici: „Fără nicio îndoială progresul tehnic, beneficiile materiale ale unei vieți ușoare, uneori luxoase, așa cum o vedem în filmele americane. Dar să pui mâna pe telefon și să comanzi o pizza care ajunge acasă fierbinte, peste doar câteva minute, e posibil și la Islamabad! (De puțin timp, de acord, pentru că «occidentalizarea» este un fenomen recent...) Deci, pentru toți, da modernizării, dar fără occidentalizare obligatorie. Lumea este, desigur, interdependentă (vă invidiem tehnologia, însă noi venim cu mâna de lucru locală de care aveți nevoie, căci este mai ieftină!), dar vrem să ne păstrăm identitatea: iată crezul nostru, iar elevilor mei încerc să le insuflu tocmai această abordare critică!"

Abou Bakar Siddique, în jur de patruzeci de ani, grăsuț sub *dishdasha*-ul său bej, primește vizite la sediul redacției ziarului său, un cotidian național publicat în urdu. Redactor-șef, el este și doctor în științe religioase, licențiat al vestitei universități Al-Azhar din Cairo. Ușa biroului său se deschide și se închide încontinuu în timp ce ziarul este în plin proces de editare. Mi-aș fi dorit să-l întâlnesc în alt moment, mai propice, dar el a refuzat și am înțeles că trebuie să mă simt mai degrabă onorată de întâlnirea pe care o obținusem. Islamist remarcabil, Abou Bakar nu-și pierde timpul acordând interviuri ziariștilor americani „închistați în idei preconcepute despre Islam, cu întrebări idioate care denotă ignoranța și prea puțin interes față de țările în care au fost trimiși să facă reportajul." Cel puțin, mesajul este clar. „Nu mai dau interviuri pentru CNN sau BBC, pentru că mă cenzurează!", adaugă el. De fapt, ceea ce-l preocupă cel mai mult pe Abou Bakar este tocmai „panta mediatică" pe care alunecă țările musulmane în țările occidentale: „În loc să încerce să înțeleagă ceea ce se întâmplă într-adevăr la noi, mass-media occidentale orchestrează prezentări schematice, legitimate de «specialiști» care nu cunosc bazele realității Islamului în țările despre care vorbesc", acuză el. Dar mijloacele de informare în masă arabe își primesc și ele mustrările: „Mass-media de la noi nu sunt la fel de profesioniste", recunoaște el. „Standardul lor nu este prea ridicat. Chiar dacă unele organizații au devenit importante, sau chiar esențiale, ele pot, pe de-o parte, să fie instrumentalizate, iar pe de altă parte nici ele nu explică Islamul cum ar trebui, adică în manieră pozitivă. Spre exemplu, casetele video ale lui Ossama Bin Laden care sosesc periodic la sediul Al-Jazira pot fi obiectul unei manipulări *a posteriori*: una dintre ele a fost în mod voluntar difuzată de mediile americane chiar înaintea alegerilor din Statele Unite. Deci Bin Laden poate spune ce vrea, dar momentul în care aceste înregistrări ajung la public este întotdeauna abil ales. Și cum putem ști că Al-Jazira difuzează toate casetele pe care le primește? Și ce conțin cele pe care nu le difuzează[1]?"

Pentru ziarist, această „propagandă" și această „demonizare" pe socoteala societăților islamice, adeseori prezentate de mijloacele de informare drept „islamiste", ar fi pur și simplu o repetare a ceea ce inventaseră americanii cu privire la „marele lor dușman din timpul Războiului Rece, flacăra Uniunii Sovietice". Această concepție greșită despre Islam nu este nouă, ci datează din anii '60, din momentul în care s-a declanșat procesul decolonizării. Astfel, insistă el, „există o prăpastie de comunicare între voi și noi, căci nici Europa, nici Statele Unite nu au încercat să se confrunte în mod direct cu Islamul; nu fac acest lucru decât urmând propriile lor scheme

---

[1] Pe 19 ianuarie 2006, Al-Jazira a difuzat o casetă video cu Bin Laden, prima din decembrie 2004. Chiar televiziunea a recunoscut că nu a difuzat mesajul lui Bin Laden în întregime. Ce conținea restul?

și grile de lectură. Rezultatul: fiecare își păstrează percepția și nimeni nu încearcă să inițieze un dialog direct."

Abou Bakar este, de asemenea, foarte dezamăgit de lipsa de autonomie a Europei față de Statele Unite în materie de politică: „America este, cu siguranță, responsabilă de acest haos, dar Europa, la unison, îi calcă pe urme", subliniază el, neluând în seamă poziția mai nuanțată a Franței, pe care nici măcar nu o menționează. „Americanii nu ne cunosc; europenii ne cunosc. Deci, ar fi trebuit să acționeze diferit."

„Ce-i mai rău," adaugă el, „este tocmai atracția noastră pentru acest Occident atât de detestat. Când un pakistanez își trimite fiica să studieze în Europa, nu face asta cu bucurie în suflet: știe că acolo ea își va pierde probabil valorile morale și tradițiile. Atunci, de ce își asumă un asemenea risc? Pentru că știe că nu va dispune niciodată de asemenea posibilități pentru educația ei aici! Noi suntem primii responsabili pentru această stare de lucruri!"

Ieșind din clădirea din centrul orașului, remarc, scris în engleză, pe un perete: *„Down with the USA!*[1]*"*

---

[1] Jos Statele Unite!

Acest sentiment de a fi sub dominație americană mondială, împotriva căreia trebuie să se revolte, este împărtășit și de Imran Khan, fost căpitan al echipei pakistaneze de crichet, adevărat erou național după victoria obținută la Cupa mondială de la Sidney în 1992[1], azi membru al Parlamentului pakistanez și lider al partidului de opoziție Tehrik-I-Insaaf (Mișcarea pentru Dreptate), creat în 1996. „Chiar dacă, după 11 septembrie, puteam simți o anumită simpatie pentru Statele Unite, totul a dispărut complet după bombardarea Afganistanului; sentimentul de nedreptate este imens și domină totul", povestește acesta, după ce a petrecut mai mult de zece ani în Occident, căsătorit cu Jemima Goldsmith, fiica magnatului presei britanice Jimmy Goldsmith, a divorțat de curând și s-a reinstalat în țară. În octombrie 1997, după primul război din Cecenia (1994–1996), Imran Khan se duce la Groznîi pentru a evalua singur situația.

„Imamul Chamil[2] era eroul meu", comentează el astăzi, dezgustat de indiferența lumii

---

[1] După aceea a încetat să mai joace crichet.

[2] Imamul Chamil, un arar din Daghestan, este un membru celebru al rezistenței din Caucaz. Dacă propaganda rusă a vremii încearcă să-l facă să pară un ilegalist, ecourile luptei sale trezesc simpatia până în Europa

occidentale cu privire la ceea ce el numește „genocidul" cecen: „Eram curios să înțeleg ce poate să însemne Islamul radical într-o țară. Astăzi, nu Islamul radical produce teamă, ci pur și simplu Islamul", comentează el. „Când talibanii au cerut Statelor Unite dovezi ale implicării lui Ossama Bin Laden în vestitele atentate, nu le-au primit. Talibanii făceau, poate, de rușine Islamul, dar nu puteam să-i calificăm drept «teroriști» pentru că instauraseră ordinea și securitatea în țara lor!" Ca mulți alții, Imran Khan nutrește o oarecare aversiune față de șeful statului pakistanez, după ce, totuși, l-a susținut politic la început. Îl numește, ironic, «Busharraf», ca într-o glumă la modă la Islamabad, după 11 septembrie. Vechiul jucător de crichet n-are nicio îndoială: lupta pentru independență din Cașmir, Cecenia și Palestina este absolut legitimă, cu atât mai mult cu cât conducătorii lumii își acoperă fața și declară că „luptă împotriva terorismului", când, de fapt, ei înșiși au creat islamismul radical"! „Ne aflăm în fața unei veritabile «manipulări a fricii», așa cum a analizat-o Noam

---

occidentală și între 1854 și 1860 îi vor fi consacrate mai mult de treizeci de lucrări sau spectacole. În cele din urmă, în 1859, s-a predat, iar Cecenia a fost anexată Rusiei imperiale.

Chomsky[1]! Astăzi, acești fundamentaliști se tem că Occidentul să nu-i distrugă, așa că acționează. Pentru mine, ceea ce se petrece în Palestina este ultima nedreptate a omenirii. Nimic nu o justifică, e mai rău decât apartheidul. Dacă aș locui astăzi în teritoriile ocupate, aș mai vrea oare să trăiesc? Nu, nu cred. Aș vrea să-mi iau viața, tocmai pentru că aș considera-o umilitoare. În momentul acela, aș deveni cu-adevărat un pericol", afirmă bărbatul, îmbrăcat într-un *patou* de cașmir alb, pe terasa casei sale noi, construită pe înălțimile Islamabadului.

Rawalpindi, oraș lipit de capitală, este o localitate autentic asiatică, prăfuită, haotică și înțesată de lume. La doar cinci minute distanță de aleile umbroase ale capitalei, iată-ne plonjând, din nou, în inima Pakistanului. Pe marginile drumului, în ajunul Ramadanului, băieți tineri, dansatori și muzicieni cu turbane de un portocaliu viu și cu tunici asortate așteaptă să fie recrutați pentru petreceri de nuntă. Contrastează în mod plăcut cu griul peisajului.

---

[1] *Cf.* lucrării lingvistului *Dominer le monde ou sauver la planète? L'Amérique en quête d'hégémonie mondiale*, Fayard, 2004.

Atiq-Ur-Rehman, 35 de ani, directorul *medressah*-ei Jamia Islamia și membru al partidului de opoziție islamic JUI, Jamiat Ulama Islam (tatăl lui a fost vicepreședinte al Parlamentului sub conducerea lui Mohamed Zia ul-Hak), e încă șocat după ce autoritățile americane i-au arestat, în același timp, pe nepotul său, Hamid Hayart, 24 de ani, născut în Statele Unite, și pe tatăl acestuia, 47 de ani, naturalizat american. Cu o voce calmă, el povestește: „Unchiul și nepotul meu sunt acuzați de legături cu Al-Qaida doar pentru că mergeau des în satul lor natal, la vreo treizeci de kilometri de aici. Acest loc a fost etichetat ca «fundamentalist» de către birocrații administrației americane, care cu siguranță că nu au călcat niciodată pe pământ pakistanez! Nepotului meu i se reproșează o conversație telefonică cu un prieten, când amândoi au criticat violent Statele Unite. Tatăl lui este bănuit că îl «sponsorizează». Nepotul meu a păstrat întotdeauna relațiile cu țara sa de origine. Venea aici în fiecare vară și, de fapt, s-a și căsătorit cu o fată din sat. În aprilie 2005, aflându-se cu mama și cele două surori la bordul unei curse de întoarcere spre San Francisco, avionul este deturnat spre Japonia. Toți patru sunt evacuați de urgență din aparatul de zbor de către ofițerii FBI și sunt supuși unui interogatoriu. Primind autorizație să ia din nou avionul peste douăzeci și patru de ore, nepotul meu se întoarce acasă. Peste două zile, e arestat la domiciliul său american, la fel ca și tatăl lui. De atunci, amândoi sunt în închisoare." Vocea încearcă să rămână calmă: „Autoritățile americane, care au tendința să reacționeze exagerat, i-au distrus viața nepotului meu; noi suntem siguri că sunt nevinovați. Aici, în Pakistan, se fac arestări la tot pasul sub pretextul unei legături cu Al-Qaida care nu a fost niciodată dovedită... Înainte de 11 septembrie, atrași de oportunitățile de muncă, de valorile democratice, de drepturile omului, de independența tribunalelor, sau de sistemul de securitate socială, numeroși musulmani au dorit să meargă în Occident ca să trăiască acolo. Dar de când unele guverne au luat măsuri nejustificate împotriva noastră, s-a creat o prăpastie pe care unii o numesc «șocul civilizațiilor[1]» și care nu va putea fi rezolvată decât dacă se schimbă

---

[1] Aluzie la celebra carte a lui Samuel Huntington, bestseller mondial, *The Clash of Civilizations and the Rewaking of World Order?*, publicată în limba engleză în 1996. A se vedea nota 1, p. 25.

politica externă americană. Și dacă, acum douăzeci de ani, chiar Statele Unite au fost cele care au ridicat în slăvi URSS-ul și apoi au practicat un jihad împotriva lui, astăzi se prefac că nici măcar nu mai înțeleg conceptul!"

Părerea sa despre lumea occidentală este totuși mai degrabă moderată: „Suntem obligați să luăm în considerare această lume pe care nu o cunoaștem decât virtual, grație internetului sau mijloacelor de informare în masă televizuale și pentru că trăim în acest vestit «sat planetar» la care suntem cu toții conectați. Occidentul este civilizat și atrăgător... dar numai la suprafață! Ceea ce mă interesează când vine vorba despre democrație sunt instituțiile sale foarte stricte. Aici, din contră: avem personalități politice puternice, dar instituții imprecise!", regretă el. „Lumea occidentală este convinsă că actul din 11 septembrie 2001 a fost comis de musulmani și, de atunci, toți ne urăsc. Dar să nu uităm că americanii n-au adus dovezi concrete pentru acest fapt! De altfel, susținerea militară americană față de Israel împotriva Palestinei nu face decât să adâncească hăul dintre Occident și Orient. Cu siguranță, Profetul nostru nu ne-a învățat despre opresiune, iar religia noastră dorește pacea mondială, dar când un stat obligă un alt stat să-și abandoneze valorile ca să și le impună pe ale sale, imposibil să nu apară reacții!", susține el.

O dovadă în plus că 11 septembrie 2001 n-a fost într-adevăr perceput la fel în lumea occidentală (și în alte părți) este faptul că patru ani mai târziu, pe 11 septembrie 2005, aici, în Pakistan, niciun predicator nu menționează atentatele în predica sa, în timp ce televiziunile occidentale difuzează tot mai multe emisiuni speciale în care se repetă fără încetare aceleași imagini.

Mai întâi mărginită de eucalipți, autostrada (cumpărăm chiar un bilet! între Islamabad și Peshawar), capitala zonelor tribale, situată la mai puțin de o sută de kilometri de Afganistan, lasă rapid loc unei șosele cu mai mult pietriș. Pe trei benzi largi, apoi pe una singură se înghesuie camioane colorate și zornăitoare, pline de decorațiuni agățate, precum și microbuze supraîncărcate și câteva mașini particulare. Peisajul format din dealuri line, verzi și împădurite odihnește ochiul și sufletul. În opinia lui Hafizullah, majoritatea vecinilor Afganistanului nu ar câștiga nimic dacă situația țării s-ar stabiliza, mai ales datorită bunelor relații cu Statele Unite. Așa că îi stimulează pe ascuns pe talibani, întotdeauna prezenți în număr mare în țară, ca să meargă să se lupte cu americanii în Irak sau oriunde s-ar afla ei. Cât despre posibilitatea ridicării unui zid între Pakistan și Afganistan la fosta graniță Durand, aceasta provoacă o puternică agitație în comunitatea paștună, de o parte și de alta a frontierei. Nimeni nu crede în asta.

Pe drum, tânărul ascultă una după alta casete ale cântăreților talibani interzise în Pakistan și în Afganistan, ceea ce nu-l prea îngrijorează. Îmi spune că la Quetta, o Mecca a rezistenței talibane, cincizeci de mii de astfel de casete s-au vândut în mai puțin de o săptămână, atât de populare sunt aceste cântece naționaliste. Pe o melopee cu accente de muzică religioasă, care se aseamănă destul de mult cu rap-ul, în versiune musulmană, un bărbat cu voce gravă înfruntă, *a capella*, poziția pro-americană a guvernului lui Hamid Karzai, președintele afgan, subliniind, fără pic de discreție, că „multe capete de ipocriți vor cădea și cuștile americane vor exploda". Cântecul se numește *Să ne rupem cătușele!*: „*Vor să distrugă spiritul jihadului și să ne abrutizeze cu noile lor valori/ Vor să ne fure demnitatea și onoarea/ Să ne confiște cultura și să ne-o impună pe a lor/ Să ne ucidă aspirațiile la independență...*" „E genial", comentează tânărul, cântând refrenul cu frenezie. „*Vor ca tinerele noastre să renunțe la văl, iar băieții, la tunică, și să se îmbrace cu fuste scurte și cu costume cu cravată/ Vor să-mi ia puștile mele vechi/ Care m-au ajutat să înving Armata Roșie/ Și să-mi ia cuțitul lung tradițional/ Dar e ca și cum ne-ar lua spiritul strămoșilor noștri/ Și nimeni nu ne poate lua acest spirit!*", repetă, ritmat, Pakir Muhammed Derwish, un vestit cântăreț taliban, a cărui popularitate crescândă de la sfârșitul anului 2001 arată că mii de afganistani sau pakistanezi paștuni și talibani n-au acceptat încă, în sinea lor, că au fost deposedați de putere.

Ca mulți tineri de vârsta lui, fără să împărtășească ideologia talibană, Hafizullah a cedat farmecului unor cântece patriotice care, în aceste vremuri tulburi, îi amintesc de identitatea sa și îi redau curajul. Pentru că această uniune împotriva dușmanului, mai ales când dușmanul este cea mai puternică armată din lume, este înălțătoare.

Ne oprim la intrarea în Peshawar, oraș a cărui populație a crescut de zece ori în ultimii cincisprezece ani, din cauza unui aflux permanent de refugiați. Tabăra Azakhil are un aer trist: familiile sunt adesea compuse din minimum zece membri, iar casele sunt mici și fragile; siluete în *burqa* se plimbă pe furiș pe străzile cu pământ bătătorit. Ahmed, în vârstă de 22 de ani, instructor la Institutul Abou Hanifa, care formează institutori pentru *medressah*, mă invită la o cină simplă (orez, pui și *nan*, pe care cu toții le mănâncă cu mâna, așezați turcește în jurul unui singur platou din fier vopsit în alb). Deschidem sticlele de Mecca-Cola, versiunea islamică a băuturii Coca-Cola (Ahmed este convins că această băutură „prin excelență americană" le aparține evreilor[1]). Îmbrăcat în alb și cu o tichie albă pe cap, ținută caracteristică studentului la religie (sau taleb), el poartă o barbă lungă și stufoasă care îi dă un aer de înțelept, în ciuda trăsăturilor tinerești. Tânărul este mândru că a memorat Coranul înainte să fi împlinit treizeci de ani, după douăzeci și patru de luni de efort. Fiind cel mai mic într-o familie cu șapte băieți

---

[1] Această credință este foarte răspândită în țările musulmane, mai ales în Orientul Apropiat.

și două fete, el spune că este singurul care s-a îndreptat „în direcția cea bună", cea a Islamului, datorită tatălui său, care a insistat să studieze.

Ahmed merge periodic la Kabul ca să evalueze situația și să vadă dacă familia lui ar putea să se întoarcă acolo. „Deocamdată, este imposibil", declară el categoric. „Regimul de ocupație ne-ar împiedica să trăim respectându-ne obiceiurile. Suntem fiii lui Allah, am primit în dar Coranul, în care găsim preceptele democrației adevărate. Iată de ce Coranul este constituția noastră, și exact asta nu place Occidentului", continuă el. „Unele elemente ale Coranului pot fi considerate anti-democratice în Occident, dar noi suntem mândri de democrația care există în Coran!", insistă studentul, repetând incriminări deja auzite la Islamabad.

Tânărul taleb, care aparține tribului extrem ortodox Yousoufzai, nu pare prea preocupat de noua legislație cu privire la funcționarea *medressah*-elor din Pakistan, după ce una dintre ele, la Lahore, a fost acuzată de guvern de legături cu Al-Qaida: „Dintotdeauna, fiecare colonizator, fiecare guvern a încercat să-și pună amprenta asupra *medressah*-elor, limitându-le expansiunea – în zadar. O persoană care a absolvit o școală coranică este exemplară, un posibil lider pentru ceilalți", explică el răbdător. „Trebuie să încetăm să învinovățim tot Islamul pentru greșeli comise de talibani sau de islamiști. În Franța, guvernul a împiedicat unele tinere să se înscrie la școală pentru că purtau văl: dacă asta nu e fundamentalism, atunci ce e? În Egipt, spre exemplu, bărbații nu au dreptul să poarte barbă lungă: oare nu e la fel de ridicol ca și faptul că, în Afganistan, talibanii îi pedepseau pe cei care nu purtau barbă? Și ce să mai spunem despre relațiile excelente pe care țările occidentale, mai ales Statele Unite, le cultivă cu Arabia Saudită, unde încă se taie mâini?"

Ahmed, care n-a cunoscut niciodată altceva decât *medressah*-ele pakistaneze, nutrește un resentiment puternic față de „americani", pe care îi acuză de toate relele din lume: „Mă întorc de la Kabul, unde am văzut lucruri îngrozitoare; invadatorii încearcă să introducă acolo comportamente sexuale care n-au nimic de-a face cu tradițiile noastre și care sunt, să spunem... nepotrivite." (Refuză să dea exemple, dar pare foarte șocat.) „De ce preferă Occidentul să ignore faptul că aceste comportamente ne rănesc? De asemenea, de ce americanii nu dezvoltă economia Afganistanului, în loc să ocupe țara și să pună obstacole în calea evoluției ei? Nici măcar nu au împărțit semințe țăranilor, și numai șoselele dintre aeroportul din Bagram și Kabul sau cea dintre Kabul și Kandahar au fost refăcute, pentru nevoile patrulelor lor! Dacă ocupanții continuă să nu facă nimic altceva decât să-i «combată» pe așa-zișii talibani, acest război va mai dura multă vreme! Corupția va prolifera și, odată cu ea, va crește nivelul de trai al unei minorități, ceea ce va declanșa resentimentul tinerilor față de aceste condiții nedrepte de viață! Înainte de 2001, trăiam sub un regim islamic autentic, de care nu se plângea nimeni, cu excepția celor de la oraș, unde, recunosc, am asistat la câteva abuzuri. Desigur, regimul taliban a făcut greșeli, arătate și subliniate adesea de mass-media internaționale, dar statul lor funcționa. Oamenii nu au uitat asta, mai ales astăzi, când trăiesc în nesiguranța și haosul așa-zis «democratice»! În plus, pe paștuni îi deranjează și faptul că nu sunt suficient de bine reprezentați în guvern, deși sunt majoritari în țară. Sub masca «nonimplicării», ocupanții divizează, de fapt, și mai mult comunitățile etnice din Afganistan, ațâțându-le una împotriva alteia."

Tânărul subliniază, de asemenea, amalgamul inevitabil pe care îl constituie populația locală față de naționalitățile ocupanților: „Aici, toată lumea crede că necredincioșii s-au unit pentru nefericirea noastră, nefericirea musulmanilor. Nimeni nu cunoaște diferențele dintre forțele din fiecare țară. Închipuiți-vă cât se degradează imaginea Occidentului, zi de zi, din cauza acestei ocupații!"

Ascultându-l pe Ahmed, mă întreb ce educație a primit în *medressah*: acolo s-a născut ura lui împotriva Occidentului? Ahmed spune că nu, dar recunoaște: „Coranul este ghidul nostru universal, și tot ce stă scris în carte poate fi interpretat împotriva Occidentului, mai ales în ce privește comportamentele. Aici, dacă o tânără poartă haine foarte moderne, va fi imediat acuzată că imită modul de viață occidental și, deci, într-un fel, că îl reneagă pe al nostru. Acceptând cultura occidentală, îți renegi legătura cu Islamul!"

În opinia tânărului taleb, înainte de atentatele din 11 septembrie, „nu puteam într-adevăr să spunem că Occidentul este anti-musulman. Acum, da. Și astăzi, în replică, noi, ceilalți, avem mult mai multe motive să fim anti-occidentali! Totuși, nu ne opunem decât lucrurilor care sunt împotriva Islamului."

„Ca musulman", insistă el, „n-aș vrea, într-adevăr, ca propriii mei copii să crească în Occident sau să plece acolo cândva. Întâi, pentru că nu s-ar mai întoarce; pe de altă parte, ar adopta maniere urâte, și-ar uita limba, cultura, respectul datorat femeilor și bătrânilor și, mai ales, ar distruge imaginea tatălui[1]. Toate valorile insuflate de strămoșii noștri ar dispărea. Într-o societate musulmană, sentimentul de apartenență la comunitate este cel mai important, pe când în Occident primează principiul fiecare-pe-cont-propriu. Acolo nu se mizează decât pe individualism și egocentrism. La noi, apartenența la familie este primordială: dacă eu nu pot să fac ceva, vărul meu sau fratele meu se va ocupa de ce e de făcut în locul meu, și asta va fi ceva complet normal. În Occident, casele sunt, poate, frumoase pe dinafară, dar locatarii lor trăiesc prost: asta o știm foarte bine aici. Toate filmele

---

[1] Figura tatălui este capitală în societatea paștună.

occidentale la care ne putem uita acum datorită televiziunii prin satelit arată același lucru: familii care se dezbină, cruzimea relațiilor interumane, viciul..." Face o grimasă de dezgust: „Chiar la Peshawar, într-o tabără, se trăiește mai bine, pentru că ești împăcat cu tine însuți!" Ahmed îmi va mărturisi apoi că nu are televizor acasă, dar că s-a uitat la posturi recepționate prin satelit acasă la prieteni. „N-o să acceptăm pentru nimic în lume televiziunea asta satanistă! Chiar și canalele pakistaneze au fost contaminate! Prea multă publicitate, prea multe seriale idioate și emisiuni care trezesc ce e mai rău într-un om!"

Ca majoritatea celor ca el, din civilizația occidentală lui Ahmed îi place domeniul IT (*Information and Technology*). Folosește acronimul englez pentru că discuția noastră se desfășoară în această limbă, pe care a învățat-o singur. Unii dintre colegii săi talibani nu îl plac, tocmai pentru că știe să vorbească „limba necredincioșilor". Asta îl face să zâmbească. „Aș vrea totuși să subliniez că dezaprobăm total politica pe care o fac occidentalii la noi, dar că nu avem nimic împotriva occidentalilor înșiși! Sistemele lor de educație și de sănătate sunt foarte bune, și exact asta ar fi trebuit să exporte, nu doar muzica și vestimentația!" Ahmed detestă muzica occidentală, chiar atunci când este mixată cu muzică orientală, amestec la modă astăzi în capitalele țărilor musulmane. „În rest", spune el, „prefer să nu prea ascult muzică, pentru că e o pierdere de vreme. Prefer să-mi petrec timpul ascultându-L pe Dumnezeu."

ÎN AFGANISTAN

De la Islamabad, iau avionul spre Kabul. O primă impresie, când cobor din avion: capitala este invadată de mii de panouri publicitare care laudă avantajele câte unei companii de telefonie mobilă. Mă întâlnesc cu Sardar, prieten vechi, care se plânge imediat de prezența crescândă a talibanilor: „Au început din nou lupta și ne deranjează din ce în ce mai mult ucigând și jefuind, chiar în regiunile din nord, cât de cât apărate înainte", afirmă el cu mânie.

În acest septembrie foarte însorit, Afganistanul este foarte ocupat cu pregătirea alegerilor legislative[1]. Dacă afganii nu cred cu adevărat că acest scrutin ar putea să le modifice viața cotidiană pe termen scurt, speră ca noul parlament să-i reprezinte „mai cinstit" decât anturajul extrem de corupt al președintelui pro-american Hamid Karzai. Sardar nu-și face nicio iluzie:

---

[1] Primele alegeri legislative după căderea regimului taliban au fost organizate pe 18 septembrie 2005.

„Alegerile astea sunt falsificate, se știe clar, și nimeni nu știe nimic exact despre acest scrutin. De fapt, de ce să votăm pentru cutare sau cutare persoană? Candidații sunt toți o apă și-un pământ!", îmi spune el nervos, într-o cafenea plină de fum și foarte gălăgioasă din capitală, unde clienții, exclusiv bărbați, se prefac că nu mă observă. „Cheltuielile candidaților sunt șocante, când noi trăim într-o sărăcie lucie."

După ceai, Sardar insistă să mă ducă să vizitez *business center*-ul Kabulului, un centru comercial gigantic cu zece etaje din sticlă de culoarea smaraldului, care tocmai s-a deschis în cartierul Shar-e-Naw. De jur împrejurul celor patru scări rulante nou-nouțe, magazinele cu telefoane mobile și articole de electronică se învecinează cu vitrine unde stau aliniate pe mai multe rânduri cosmetice, pantofi sau ceasuri. Multe spații sunt goale, n-au fost încă vândute. În primul rând împinși de curiozitate, locuitorii Kabulului (care, în majoritate, nu au nici electricitate, nici apă curentă acasă) se îngrămădesc, în număr mare, în acest nou templu al consumului. În aceeași clădire, găsim un hotel de lux cu sală de sport, mai multe centre de conferință și conexiune la rețeaua de televiziune prin satelit.

„Centrul ăsta comercial este dovada că lumea din Kabul începe să aibă din nou bani, dar nesiguranța nu a dispărut...", comentează Sardar arătând cu degetul spre agenții de securitate, înarmați din plin.

Afară, regăsim dezordinea obișnuită: prea multe mașini, insuficient spațiu pe șosea; în aceste zile, numeroasele convoaie ale candidaților în campanie încurcă și mai mult circulația. Mașinile lor flancate de microbuze și acoperite cu afișe scuipă o propagandă electorală pe care nu o ascultă nimeni. „Sunt prea mulți candidați[1]; majoritatea sunt nou-veniți în politică. Oamenii s-au săturat de acest amatorism!", bombăne Sardar. „Ni se promisese că talibanii și alți comandanți[2] nu se vor amesteca în politică, dar treizeci și doi de candidați au fost descalificați din cauza legăturilor cu grupările armate!", spune el vehement. „Unii dintre ei, precum Abdoul Rasul Sayyaf, au fost chiar păstrați; totuși, acest Rasul

---

[1] În mod oficial, s-au prezentat două mii opt sute de candidați, dintre care aproape patru sute de femei...

[2] „Comandanții" sunt foști conducători de război care au ridicat armele în anii '80 împotriva armatei sovietice. Au fost în centrul războiului civil declanșat în 1992 după retragerea trupelor sovietice, până la sosirea la putere a regimului taliban începând cu anul 1996.

este un fundamentalist periculos care a fost implicat de mai multe ori în acte de încălcare a drepturilor omului, în timpul războiului civil..."

Părăsesc, în cele din urmă, capitala, îndreptându-mă spre provincia Farah, la granița cu Iranul, în sud-vestul extrem al țării. Cu siguranță aș fi putut să întâlnesc talibani islamiști și fundamentaliști la Kabul (chiar „păzită" fiind), dar prefer să merg în sudul țării, unde numeroasele lor grupuri sunt încă la putere. Trebuie să plec cu mașina înainte de ziua alegerilor; în ziua aceea, ca măsură de siguranță, toate drumurile vor fi închise. Inaugurată la sfârșitul anului 2003, după ce a fost complet refăcută, șoseaua Kabul–Kandahar, una dintre principalele axe de comunicare ale țării, are reputația de rută periculoasă, pentru că traversează provinciile în care talibanii fac legea[1]. Pe tot parcursul celor patru sute optzeci de kilometri, convoaiele cu blindate americane rulează cu viteză maximă pe mijlocul șoselei, fără să le pese de șoferii locali. În satele pe care le traversăm, ne întâlnim cu alaiuri nupțiale pestrițe. Nu au mai rămas decât

---

[1] *Cf.* Anne Nivat, „En route pour Kandahar", *Lendemains de guerre en Afghanistan et en Irak*, Fayard, 2004, p. 115.

douăzeci de zile până la începutul Ramadanului și sunt din ce în ce mai multe ceremonii. Pe înălțimile pe care se ridică Ghazni[1], bucățile de cărămidă nouă care se văd de-o parte și de alta a drumului dovedesc faptul că reconstrucția orașului aduce mult profit unora!

La Kandahar, e prevăzut să schimb șoferul. Așa cum am convenit, îl găsesc, în fața primăriei orașului, pe Youssouf, de 17 ani, pe care mi l-a trimis Sami, un prieten din provincia Farah. Pentru următorii șase sute de kilometri, soarta mea stă în mâinile acestui adolescent firav îmbrăcat într-o *dishdasha* imaculată care, din când în când, își potrivește o pereche de ochelari cu ramele atât de contorsionate, încât până la urmă va rupe o ramă și se va servi de ce rămâne ca de un monoclu. Împreună, trebuie să traversăm de la est la vest deșertul arzător al provinciei Helmand, regiune care are reputația de a duce o rezistență foarte activă. Pe această porțiune de drum care se îndreaptă spre Herat, „capitala occidentală" a țării, la granița cu Iranul, șoseaua nu a fost refăcută. Foarte priceput,

---
[1] Oraș situat la aproximativ o sută de kilometri sud de Kabul, unde, la sfârșitul anului 2003, o tânără franțuzoaică lucrând pentru o organizație internațională a Națiunilor Unite a fost asasinată în plină zi, în piață.

Youssouf înaintează cu viteză maximă pe dalele neregulate de beton – când acestea există – sau frânează brusc în fața unuia din acele cuiburi de pui de care pista, devenită astfel oarecum impracticabilă, este plină. Uneori, cotim brusc, amețitor, pe fondul muzical al cântecelor religioase paștune pe care le-am învățat aproape pe de rost, de atâtea ori am ascultat caseta!

După ce am mers câteva ore fără întrerupere, de la prânz, întâlnim din ce în ce mai puține vehicule. Peisajele din sud nu sunt deloc variate, dar îmi plac la fel de mult ca cele din nord: în lumina orbitoare, satele din lut abia dacă se disting de sol; casele, multe dintre ele cu acoperiș în formă de dom, nu au niciun orificiu în exterior pentru a păstra aerul curat și, în special, pentru a proteja intimitatea femeilor. Adesea, câte un măgar stă nemișcat lângă perete, ca și cum ar încerca să profite la maximum de o fâșie de umbră. Magazinele singurei străzi centrale le propun șoferilor în tranzit produse alimentare din Iran: suc de cireșe sau de măr, miniprăjituri ambalate sub vid, batoane de ciocolată. Aici, *nan* au luat o formă mai alungită.

Odată cu apusul care ne eliberează, în cele din urmă, din cuptor, ajungem la o dilemă: fie trebuie să continuăm pe același „drum" și să riscăm să dăm, poate, nas în nas cu tâlharii sau cu talibanii (nu e o diferență clară între ei), fie să ne lansăm în asaltul asupra deșertului, soluție care, după părerea însoțitorului meu, va reduce oarecum riscurile întâlnirilor neplăcute, dar ne va încetini. Tânărul Youssouf s-a oprit, de altfel, cu două ore mai devreme, la un bazar de pe marginea drumului, unde l-am văzut certându-se pe o armă, în glumă, cu un alt puști. Întors la mașină, a sprijinit-o de scaun. E pistolul lui Sami, pe care trebuie să i-l ducă înapoi, mi-a spus el așezându-se din nou la volan. Nu mă simt deloc liniștită de această prezență, și cu siguranța că nici Youssouf, pentru că optează pentru a doua soluție: deșertul.

Pe la ora 10, când se fac douăsprezece ore de când călătorim împreună (pentru mine, șaptesprezece, căci plecasem din Kabul cu șase ore înainte, de dimineață), o lumină tremurătoare, de departe, pare să vină înspre noi. Mai întâi neliniștit, Youssouf, despre care mă întreb de unde mai are atâta energie, zâmbește, fericit și ușurat, când recunoaște farurile mașinii lui Sami. Îngrijorat și el de ora târzie (nu se știe niciodată), Sami s-a suit la volan și, peste patruzeci de minute, cele două vehicule ale noastre se întâlnesc. Zâmbind vesel și cu brațele larg deschise, un uriaș cu barbă și turban iese din Land Cruiser. În lumina farurilor, regăsirea are ceva suprarealist (nu l-am mai văzut pe Sami de mai mult de un an). Cei trei paznici înarmați ai săi trec pe nesimțite de la mașina lui la cea a lui Youssouf, iar eu schimb mașina pentru ultima dată și termin drumul alături de el, legănată de refrenele unei casete de șlagăre americane de la mijlocul anilor '80.

La Farah, oraș cu 250 000 de locuitori, fără apă curentă și electricitate, talibanii sunt o legiune, dar își păstrează discreția, și nu degeaba: de câteva luni, provincia a devenit locul de tranzit cel mai folosit de combatanții care își doresc să se alăture, în Irak, grupărilor Al-Qaida pentru a face jihad împotriva americanilor. Spre deosebire de colegii lor din regiunile de graniță cu Pakistanul (în provinciile Khost și Kunar, spre exemplu), talibanii de aici se străduiesc să nu provoace niciun atac direct împotriva ocupanților, ca să evite desfășurarea de forțe armate americane în provincia lor. În această provincie nu se află deocamdată decât o PRT[1] (echipă de reconstrucție

---

[1] O „Provincial Reconstruction Team" este un organism civilo-militar hibrid între o garnizoană militară și o organizație nonguvernamentală. În Afganistan se află aproximativ cincisprezece astfel de PRT, majoritatea conduse de armata americană.

teritorială), instalată la Farah de doi ani. „Toți militarii vorbesc persana aici și nu se ocupă decât de contactele cu Iranul", precizează Sami. „Se presupune că acești americani ajută administrația locală și, în calitate de primar al Farahului, păstrez contactul cu ei", continuă el, „dar toată lumea știe că, de fapt, își petrec timpul supraveghind activitățile de la graniță!"

Filiera talibană trece prin orașele pakistaneze Karachi și Quetta, apoi prin Kandahar, din Afganistan. Cei pe care îi numim „arabii" zonei — pentru că populația locală consideră că sunt legați de Bin Laden, de la sosirea sa în Afganistan, la începutul anilor '90 — nu sunt atât combatanți, cât specialiști în logistică și în chestiuni administrative menite să ușureze trecerea combatanților. De la Farah, candidații la jihad pătrund mergând pe jos în estul Iranului, care nu este decât la două ore de mers, adesea însoțiți de contrabandiști deghizați în trecători. Uneori le ia câteva luni să traverseze Iranul și să ajungă în Irak.

Daoud, în vârstă de 32 de ani, fost mecanic și taliban popular, plănuiește să meargă în curând în Irak „să învețe cele mai ucigașe tehnici și să revină ca să le folosească aici", afirmă el.

„N-am uitat că arabii au venit ca să ne ajute aici împotriva americanilor, în toamna lui 2001; acum e rândul nostru să mergem să-i ajutăm!" În trecere prin oraș înainte să se întoarcă la Porchaman, satul său din Oruzgan (bază a talibanilor din regiune, situată la aproximativ douăzeci de ore de drum de Farah, atât de proaste sunt căile de comunicație), combatantul cu nas acvilin și barbă lungă a acceptat să mă primească în casa unui prieten, cu garanția lui Sami. Pereții și podeaua camerei tradiționale de oaspeți sunt acoperite de covoare în culori țipătoare. Un băiețel aduce un ventilator branșat la generator; ni se oferă pepene.

„În ciuda a ceea ce au hotărât majoritatea fraților mei de arme, eu am venit să votez", explică Daoud, al cărui turban lung este asortat cu tunica sa albastru-deschis. „Pentru că nu avem reprezentanți în Parlament... și unii candidați sunt talibani, asta se știe clar!", afirmă el izbucnind în râs (de la începutul operațiunii militare americane în Afganistan, în 2001, oficial, toți talibanii au renunțat la putere). „La Kabul poate că sunt chiar mai puțini...!", rânjește Daoud. „Dar în provincie numai casa guvernatorului răspunde ordinelor din capitală; pe stradă, lucrurile stau cu totul altfel: astăzi, suntem cu toții uniți împotriva americanilor", insistă el.

Pentru a-și ilustra spusele, talebul spune următoarea poveste, care pare să-l fi impresionat: „În regiunea Zabul, un nomad kouchi, înarmat cu o carabină veche din vremea englezilor, a vrut să meargă să-i împuște pe americani. Bietul om s-a așezat pe marginea drumului și a așteptat sosirea unui convoi ca să-l atace. A fost ucis de îndată, fără ca măcar să fi avut timp să tragă, deși arma lui era încă bună! Iată o poveste care ilustrează perfect cât de tare s-au săturat oamenii! Se pare că trupul lui a rămas treisprezece zile în soare până când l-a recuperat familia. Toți cei care s-au apropiat de cadavru au spus că avea un miros plăcut, dovadă că era vorba de un *shahid*! Acest om era un analfabet, dar familia lui e mândră de el, pentru că i-a înfruntat pe ocupanți, chiar dacă doar pentru un minut!"

Daoud continuă, mai serios: „Cine rezolvă problemele oamenilor în aceste zone? Cine are grijă, cu-adevărat, să domnească ordinea? Ei bine, pe noi ne respinge Occidentul, bazându-se, firește, pe *sharia*, în vreme ce aici populația acceptă legea islamică. Au dreptate, este cheia fericirii lor. Dar dacă Karzai continuă să ia hotărâri care nu respectă *sharia*, vor izbucni revolte, prevede Daoud, sigur pe el, fiindcă răbdarea populației are o limită. Pe de altă parte, știm că guvernul afgan negociază cu talibanii așa-zis moderați și pacifiști, cu binecuvântarea americanilor. Dar mai știm și că grupurile active din punct de vedere militar sunt, în continuare, susținute de serviciile secrete pakistaneze (ISI[1]) și finanțate de liderii religioși pakistanezi. Desigur, americanii fac diferența între talibanii «buni» și cei «răi» conform propriilor lor interese."

Dacă Daoud recunoaște că apreciază mașinile și telefoanele mobile importate din Occident, nu își ascunde criticile cu privire la mulțimea de organizații nonguvernamentale instalate în Afganistan, pe care le bănuiește nu doar de spionaj, ci, mai ales, că au un singur scop: să schimbe valorile locale și să-și apere propriile interese, sub pretextul că lucrează pentru binele tuturor.

În realitate, ca majoritatea talibanilor, Daoud se deplasează incognito în mașini 4x4 cu sigla falsă a ONU sau a vreunei ONG locale: „Sunt de acord cu asasinarea străinilor care lucrează pentru aceste organizații", încheie el imperturbabil. „E singura modalitate de a constrânge aceste

---

[1] ISI: Inter-Service Intelligence.

organisme să plece din țara noastră și să nu ne mai polueze." Căci pentru acest mecanic taliban regimul de ocupație din Irak, sistemele democratice în general și politica occidentală cu privire la femei sunt tot atâtea manifestări ale răului împotriva cărora trebuie să lupte astfel încât „să nu ne impună nimeni, aici, o religie, nici să ne «elibereze» femeile".

În această regiune a Marelui Vest afgan, doar provincia Farah este condusă de un paștun, etnia dominantă în zonă (de la plecarea lui Ismail Khan[1], provincia Hérat, la nord-vest, este condusă de un șiit, iar Nimruz, la sud-vest, de un baloutche), ceea ce explică, după cum spun localnicii, faptul că această provincie nu trezește niciun interes deosebit (mai ales din punctul de vedere al subvențiilor) din partea guvernului central, americanii fiind în continuare convinși că are legături cu talibanii (toți paștuni) și cu Al-Qaida. Sami, paștun și el, a fost numit la primărie acum câteva luni de noul guvernator al provinciei (cel din urmă fiind de asemenea desemnat de Hamid Karzai). Fiindcă viața de familie i s-a schimbat complet de când soția lui i-a dăruit un

---

[1] Numit, la Kabul, în 2005, ministru al Energiei, Apelor și Electricității.

fiu, astăzi în vârstă de cincisprezece luni (după patru fiice[1]), el se mulțumește cu imaginea de „consilier din umbră" al guvernatorului. Fost militant al unui partid monarhist din Kandahar, știe că guvernatorul îi împărtășește părerile în acest domeniu, de vreme ce așa s-au cunoscut, dar a hotărât să lase politica deoparte pentru a se dedica misiunii sale: administrarea orașului.

Acum, cu o zi înainte de scrutin (mai mult de 200 de candidați în provincia Farah pentru 11 locuri în Parlament), primăria este în fierbere. Pentru seara aceasta, Sami și guvernatorul s-au gândit să organizeze o conferință de presă transmisă la televiziunea locală, pentru a asigura populația că scrutinul se va desfășura în bune condiții. Sami îmi repetă că ține mult să fie primul care merge la vot, pentru a da un exemplu. În timp ce ne bem ceaiul liniștiți, așezați pe un covor imens întins chiar pe beton, în curtea primăriei, unul dintre prietenii lui îl tachinează: „Întâlnesc talibani care mă asigură că ești de-al lor, dar «comuniștii» spun același lucru, și «democrații» la fel! Pe cine să cred?" Nimic nu-i poate face mai multă plăcere lui Sami, maestru

---

[1] *Cf.*, prin comparație, situației din Besmellah, în Anne Nivat, „Un ex-taleb", *Lendemain de guerre en Irak et en Afghanistan, op. cit.*, pp. 133-168.

incontestabil, întotdeauna, al jocului dublu. Odinioară mă asigurase că nimeni nu știa de legăturile lui cu talibanii.

În timp ce vorbim, asistenții îi aduc mereu hârtii la semnat. De data aceasta, îi înmânează o haină de costum în stil occidental, în husă de plastic. De ce oare? „Doar un cadou", comentează el râzând. „Pentru că sunt primarul acestui orășel și vor să se asigure că se au bine cu mine, primesc toată ziua cadouri!" Se grăbește să pună pe un umeraș haina *made in Iran*.

Sună unul dintre mobilele pe care primarul le pune mereu pe jos în fața sa de îndată ce se așază: la telefon este unul dintre candidații de a doua zi, un om de afaceri care s-a întors din Germania, unde și-a petrecut ultimii cincisprezece ani, ca să-și încerce norocul în arena politică afgană. Omul se teme pentru viața lui și îl roagă pe Sami să intervină pe lângă guvernator în favoarea sa, ca să-i fie garantată securitatea. „E și asta o metodă de-a te da important", îmi șoptește el, care aplică tactica de a le spune tuturor „da".

Mândru să-mi arate orașul lui, Sami mă conduce. Constat, într-adevăr, că, grație camioanelor-cisternă care patrulează mereu, e mai puțin praf decât în alte orașe; în fiecare intersecție stau polițiști în uniforme noi și strălucitoare (care își salută primarul cu respect); iar magazinele (unele dintre ele ținute de femei – iranience) nu dau faliment. În afară de eterna camionetă Toyota, mijlocul de locomoție cel mai folosit pare motoreta zgomotoasă și poluantă. Femeile în *burqa* trec rar; adesea, sunt îmbrăcate cu *tchador*-ul tradițional iranian, negru, care le acoperă tot corpul și părul, dar le lasă chipul la vedere. Singura umbră din tablou: toate operațiunile comerciale din oraș (și din toată regiunea) sunt făcute în bancnote iraniene pe care toată lumea le ascunde în pachete înghesuite în buzunare. De vreme ce toate mărfurile la vânzare provin din Iranul învecinat, nimeni nu vrea să piardă la schimb. E, desigur, ilegal (pe teritoriul afgan, moneda curentă este afgani), dar, până acum, nicio administrație n-a reușit să schimbe acest obicei.

De dimineață, Sami și-a schimbat turbanul și *shalvar kameez*-ul tradițional cu un costum cu veston gri în stil occidental, împreună cu o cămașă albă și chiar cu o cravată. Cu barba stufoasă bine îngrijită și cu ochelarii de soare foarte lați, însoțitorul meu aproape că se confundă cu unul dintre ucigașii din *Matrix*! „Sau mai degrabă cu un răpitor!", corectează chiar el, amuzat. La Farah, o oază într-un deșert de pietre unde straiele occidentale nu sunt încă majoritare, *look*-ul noului primar atrage toate privirile... Sami merge la o întâlnire cu guvernatorul, care i-a convocat și pe responsabilul PRT, responsabilul cu serviciile de securitate din zonă și șeful poliției. Este vorba de a reacționa la zvonurile conform cărora, cu puține zile înainte, treizeci și cinci de „arabi" s-ar fi infiltrat nu departe, în zona Khasapad. Bine informat, Sami ia de îndată cuvântul pentru a spune că nu e vorba în niciun caz de militanți Al-Qaida, ci de indivizi non-violenți aparținând mișcării Tabligh[1]. Directorul serviciilor de securitate îi dă dreptate; incidentul este închis, dar ilustrează bine contextul angoasei latente în legătură cu prezența islamiștilor în regiune.

Sami și cu mine avem întâlnire cu un reprezentant al talibanilor pentru regiunea Farah.

---

[1] Mișcarea Tabligh este o grupare de propovăduire care se prezintă ca fiind strict apolitică, non-violentă, de tradiție mistică. Grație numeroșilor săi misionari, această mișcare s-a răspândit în lume în valuri succesive: în anii '40 în țările musulmane (Arabia, Turcia etc.), apoi în anii '50-'60 în țările industrializate (Statele Unite, Marea Britanie, Japonia, Canada etc.), ca și în Franța. Astăzi este prezentă peste tot în lumea musulmană.

Când ajungem la locul de întâlnire, bărbatul (pare un bătrânel, dar nu are decât șaizeci de ani) vorbea cu un vecin, sub un copac. Mai întâi neîncrezător, în ciuda prezenței lui Sami, care, pe deasupra, m-a prezentat ca bosniacă (deci musulmană[1]), *maulawi*-ul refuză să discute politică și încearcă să se limiteze la un discurs despre Islam în general. Începe printr-o lungă rememorare istorică a situației musulmanilor în lume, secol după secol. Este convins că, începând cu secolul XX, practicanții Islamului sunt văzuți ca dușmani de către celelalte religii. „De-asta a declanșat președintele Bush războiul împotriva musulmanilor. Acolo, în Occident, se crede că Islamul a fost inventat de oameni, și nu de Allah însuși", comentează bărbatul cu ochi albaștri și cu ceas extraplat Seiko, a cărui modernitate contrastează cu haina lui sărăcăcioasă și cu turbanul. „Occidentul nu se gândește decât la un singur lucru: să ne distrugă religia și să conducă lumea după bunul său plac, obligându-ne să ne adaptăm. Dar musulmanii nu vor accepta asta, nici măcar

---

[1] Alteori, ca măsură de siguranță, Sami mă prezintă ca refugiată din Kosovo în Franța. Evită astfel orice întrebare neplăcută și orice atitudine agresivă la adresa mea.

cei mai mercantili, adică cei care fac afaceri cu occidentalii", avertizează el, imperturbabil. „Nimeni nu dorește această ocupație americană și nimeni nu o va accepta vreodată", încheie, dezvăluindu-și puțin câte puțin, pe măsură ce afirmațiile lui devin mai categorice, violentul antioccidentalism. „Nu voi merge la vot, pentru că nu mi-e frică de nimeni și de nimic", continuă el citând apoi din Coran, „în care ni se poruncește să luptăm împotriva evreilor și creștinilor! Occidentul este atât de departe de religie, nu se gândește decât la supremația sa tehnologică, care se presupune că-i permite să ne învingă. Dar nu este adevărat! Acolo, în Occident, trăiesc ca animalele sălbatice! Sunt niște porci, iar noi îi vom îngropa!", spune el nemaistăpânindu-și atitudinea pro-talibană.

Parcursul preotului este clasic: după studiile primare și gimnaziale într-o *medressah* din Ghazni, apoi în alta în Kandahar, este imam de la vârsta de 30 de ani, iar discursul său este bine format: „Occidentului îi este teamă de Islam în general. Noi, ceilalți, talibanii, suntem în minoritate în țara asta, dar, până la urmă, Europa are dreptate să se teamă de noi, căci, în curând, va fi toată musulmană!", mă asigură el, cu convingere.

„Musulmanii se vor uni și vom învinge, căci suntem singura superputere a planetei!", plusează el, din ce în ce mai războinic. „Luptele și zonele de conflict se vor înmulți și vom continua jihadul până în ziua Judecății de apoi, pentru că nu vom avea nicio altă alternativă. Dacă musulmanii nu-și dau sângele, nu vor fi liberi niciodată..." *Maulawi*-ul cere o pauză pentru rugăciunea de la mijlocul zilei. Răspunsese, până la urmă, la toate întrebările mele, cu excepția celei despre Al-Qaida (îl întrebasem dacă este mândru de existența grupului armat), de care se ferește, jenat. Apoi pleacă, pe jos, după ce a refuzat să fie dus înapoi în satul său, nu departe de reședința de judeţ, cu mașina de serviciu a lui Sami, „din cauza plăcuțelor de înmatriculare guvernamentale".

La apusul soarelui, când, în cele din urmă, astrul arzător s-a domolit și magazinele și-au închis ușile, nu mai rămân decât vânzătorii de înghețată și de băuturi răcoritoare. Unii comercianți, așezați pe covorul întins direct pe jos, iau o masă frugală în fața unui televizor improvizat conectat la un generator. Majoritatea se culcă chiar acolo, pentru a evita furturile. Cu o seară înainte de primul scrutin parlamentar post-taliban, în timp ce autoritățile centrale afgane nu au încetat să împărtășească mijloacelor de informare în masă internaționale temerile lor referitoare la atentatele teroriste, totul pare liniștit la Farah.

Sami mă duce la guvernator, care profită, pe terasa sa, de aerul curat al serii, așezat în fața unui ecran mare conectat la televiziunea prin satelit, cu un pahar de vin roșu californian în mână (cadou de la un american, fost șef al PRT locale, transferat apoi la Kabul). „Am telefonat personal tuturor șefilor de poliție, din fiecare district, și le-am spus că dacă mâine se petrece și cel mai mic incident în zona lor îi omor cu mâna mea... sau fac în așa fel încât să-i trimit la Guantanamo!", declară el pe cel mai serios ton posibil.

După ce a trăit douăzeci și patru de ani în California, bărbatul, originar din Kandahar, s-a întors în țară „pentru că am fost chemat", insistă el. Nu prea pare să se simtă în largul lui la Farah, izolat și departe de tot, mai ales de familia sa, care a rămas în Statele Unite. „Jihadul a fost inventat pentru a-i învinge pe comuniștii atei veniți din Uniunea Sovietică, iar acești vestiți talibani cu care s-au luptat au fost foarte mult timp susținuți de serviciile occidentale... atunci, cum ar putea să fie anti-occidentali?", subliniază guvernatorul, recunoscând apoi inutilitatea totală a PRT — fără să-și dorească totuși să plece: „Dacă acești militari americani părăsesc țara, talibanii preiau imediat puterea. Afganistanul seamănă cu un convalescent slăbănog și țintuit la pat care este încă dependent de infirmieră. Încă avem nevoie de PRT", adaugă el, precizând că a preferat să le ignore activitățile pe teritoriul pe care a fost repartizat să-l guverneze.

Am venit aici să ne uităm la reluarea transmisiunii televizate a conferinței de presă organizate astăzi de gazda noastră cu privire la alegeri pe canalul de televiziune local, dar televizorul de ultimă generație al guvernatorului, legat la o antenă prin satelit, nu-l captează. Doi servitori aduc un al doilea aparat și îl conectează la canalele herțiene. În timpul reluării emisiunii, guvernatorul mi se pare mai preocupat de imaginea lui televizată decât de conținutul discursului său, care, luat ca atare, nu e, la drept vorbind, prea original. Imediat ce se termină emisiunea, trecem din nou la televiziunea prin satelit. Ascultând titlurile știrilor de pe BBC World și de pe CNN International, guvernatorul și Sami sunt dezamăgiți să constate că jurnaliștii acestor două canale nici n-au menționat scrutinul din Afganistan, fără îndoială prea ocupați să redea alegerile din Germania și din... Noua Zeelandă! Când – abia la sfârșitul jurnalului – e difuzată rapid o știre despre Afganistan, se insistă doar asupra măsurilor de securitate pentru scrutin. Astfel, sunt reluate stereotipurile obișnuite: doar Kabulul este securizat, iar restul țării e cufundat în violență și haos, în timp ce realitatea e mult mai nuanțată.

În dimineața scrutinului, Sami s-a trezit în zori pentru a se așeza el însuși la maneta dragelor lui sonde de apă. Iată cadoul pe care voia să-l facă celor din provincia lui în ziua alegerilor: să arate populației că și primarul se udă pe cămașă, și nu este „doar un tip așezat în spatele unui birou, cu o ceașcă de ceai în mână!" A reușit să facă șase ture, înainte să meargă să-și exercite datoria civică la biroul de vot situat în școala Abou Nassar. În această zi de vot, e un spectacol destul de curios pentru locuitorii din Farah să-și vadă primarul în costum occidental, la maneta sondelor, apoi vizitând pe jos birourile de vot... în timp ce convoiul de 4x4 al guvernatorului și al gărzilor sale de corp a blocat complet circulația în oraș pentru a putea trece! Ei bine, Sami s-a diferențiat astfel de superiorul său, arătându-se mult mai apropiat de populație...

Întreaga zi, procesul de votare se derulează fără incidente notabile, și multe femei în *burqa* sau în *tchador* vin în grupuri la birourile care le sunt destinate, păzite de bărbați înarmați.

Profităm de această după-amiază lungă pentru a merge la vreo douăzeci de kilometri sud-vest de oraș, în plin deșert pietros și arzător. Sami ține, de fapt, să-mi arate *Kafir kalash* (Castelul păgânilor[1]), un deal abrupt care veghează asupra unei adevărate fortărețe de piatră despre care știm doar că datează de dinainte de Islam. Temători și superstițioși, localnicii nu prea vor să-și aducă turmele la păscut, vârful malefic fiind cunoscut pentru șerpii lui care le devorează oile! Sami este foarte impresionat (totuși, nu vine prima dată aici); îmi arată un puț în care pietricelele pe care le aruncăm se pierd într-o liniște

---

[1] Reiau aici expresia franțuzească utilizată de Nicolas Bouvier, care, în *Usage du monde*, Payot, 1992, col. Petite Bibliothèque Payot, et Droz, 1999, p. 360, vizitează și el una dintre aceste numeroase fortărețe.

mormântală; arată cu degetul spre un adevărat turn de pază, cioplit în piatră, la care pare să nu se poată ajunge cu piciorul. „Nu se poate ca acest turn să fi fost construit de oameni!", repetă el. „E imposibil. Cum să urci pietrele la o asemenea înălțime și să construiești un turn?" E la fel de uluit la fiecare vizită. În vârful muntelui, unde ajungem pe o potecă ce urmează linia de calcar și iese din sufocanta întindere stâncoasă, descoperim vreo douăzeci de orificii săpate în perete – desigur, celule ale prizonierilor? Ca și majoritatea edificiilor istorice preislamice din țară, acest „Castel al păgânilor" a fost parțial distrus de talibani în a doua jumătate a anilor '90. De jos, unde ne-am lăsat mașina, distingem perfect găurile obuzelor lor, care au distrus ceea ce trebuia să fie un impunător zid de împrejmuire de mai mult de zece metri înălțime.

Niciodată în pană de idei, Sami s-a hotărât să creeze, la poalele sitului, un spațiu pentru picnic destinat locuitorilor din Farah. Visează că familiile vor veni aici să ia prânzul și să se odihnească, vinerea după-amiaza și sâmbăta. Ar trebui amenajate și restaurante și tonete de răcoritoare pentru a dezvolta comerțul restrâns și a face locul mai plăcut. Am începe prin refacerea drumului care duce la citadelă și, mai ales, ar trebui să plantăm niște copaci și să construim un sistem de irigații. „Din nefericire, nu vor veni fonduri nici din conturile regiunii, nici din ale orașului, care sunt, fără nicio speranță, goale. Va trebui să găsesc «sponsori» care au legături cu organizațiile internaționale", suspină primarul, gata să ia în calcul orice soluție.

Chiar în seara aceea, ne strângem încă o dată acasă la guvernator, extrem de mulțumit de faptul că niciun eveniment dramatic nu a stricat ziua, fericit că țara lui a demonstrat astfel că e capabilă să organizeze un scrutin democratic la care au putut să ia parte și femeile. În ciuda unei prezențe relativ slabe la vot[1], aceste alegeri legislative reprezintă o reușită, incontestabilă din punct de vedere mediatic: în seara scrutinului, televiziunile occidentale, toate, fără excepție, au difuzat imagini ale siluetelor albastre mergând la urne.

La plecare, am impresia că părăsesc o țară mai puțin crispată și tensionată decât în 2003 (la doar doi ani după invazia americană), dar

---

[1] În final va fi de 54% (dintre care 40,6% femei și 59,4% bărbați), din cele 12,4 milioane de persoane cu drept de vot înregistrate.

încă foarte nesigură în privința propriului viitor. Slabul interes real al afganilor pentru aceste prime alegeri legislative, aparenta lor lehamite cu privire la politică, la doar un an după ce și-au ales președintele, mă fac să mă îndoiesc de deplina „democratizare" afgană. Nu, afganii n-au avut impresia că, mergând la vot, vor schimba ceva din situația din țară. Ei știu perfect că talibanii și alte grupări fundamentaliste continuă să facă să domnească teroarea, oriunde se poate, ca semn de profund dezacord față de ocupația americană.

Ca și în Cecenia și în Irak, populația afgană se împarte în cei care colaborează cu ocupanții (fie din interes personal, fie pentru că au încredere în ei) și în marea majoritate tăcută, care nu și-a dorit încă să-și aproprieze beneficiile democrației. De fapt, peste tot în țară, viața cotidiană rămâne grea, corupția, omniprezentă, iar diferențele socioeconomice între cei mai săraci și o minoritate care se îmbogățește văzând cu ochii cresc. Daoud, luptătorul taleb din Farah, a mers la vot, nu pentru că ar crede în democrație – regim politic importat din Occidentul hulit –, ci din calcul strategic: vrea ca un deputat care-i împărtășește viziunile fundamentaliste să intre în parlamentul afgan. Putem, de asemenea, să spunem că, în felul său, acest taleb acceptă regula democratică conform căreia membrii opoziției își au și ei locul lor în sânul unei adunări alese...

ÎN IRAK

Ariana Afghan Airlines, compania națională afgană, subînchiriază linia Kabul–Istanbul unei companii franceze căreia îi închiriază și aparatul (un imens Boeing A310), și personalul navigant, inclusiv piloții. Pentru a pătrunde în Irak, am hotărât să trec încă o dată prin estul Turciei și prin Kurdistanul irakian[1], ca să ajung apoi la Bagdad pe șosea. De la Istanbul, iau avionul spre Diyarbakir, capitala Kurdistanului turc, de unde o mașină mă va duce până la frontiera irakiană.

Cu vreo douăzeci de kilometri înainte de postul de control, mai multe sute de camioane-cisternă sunt aliniate pe marginea drumului. De la bombardamentele americane din primăvara lui 2003, capacitatea irakiană de rafinare a petrolului s-a redus considerabil. Actori ai unui balet neîncetat între Irak și Turcia, șoferii turci sunt

---

[1] *Cf.* „Avant-scène", *Lendemains de guerre en Afghanistan et en Irak, op. cit.*, p. 219.

obiectul atenției tuturor: dacă, din motive de securitate, se hotărăsc să circule mai puțin în Irak[1], prețul benzinei crește imediat; în general, camioanele-cisternă trec prima dată frontiera fără încărcătură, pentru a se încărca cu marfă brută, apoi a doua oară pentru a rafina petrolul brut în Turcia, și o a treia oară pentru a revinde încărcătura în Irak. În principiu, la pompele din Irak, dar mai ales pe piața neagră, care a explodat într-un singur an. La prețul de 1,5 dolari pe 40 de litri la benzinării și de 7 dolari pe piața neagră, benzina a devenit, într-adevăr, prea scumpă[2]. Este prima nemulțumire pe care o voi auzi pe tot parcursul acestei călătorii, și în țara kurzilor, și la Bagdad, și în „triunghiul sunit". Restricțiile de electricitate (la Erbil, ca și la Bagdad, încă nu e lumină decât patru ore pe zi) vor fi pe locul doi.

La Dohouk, pe pământ kurd, mă întâlnesc cu Bilal, în vârstă de 27 de ani[3]; trăsăturile lui

---

[1] Din primăvara lui 2003, câțiva dintre ei au murit pe șoselele irakiene.

[2] În februarie 2006, prețul a crescut și mai mult: 7 dolari pe 40 de litri de benzină categoria întâi la benzinării și aproape 14 dolari pentru aceeași cantitate pe piața neagră.

[3] *Cf.* „Une famille kurde", *Lendemains de guerre en Afghanistan et en Irak, op. cit.*, p. 227.

marcate de o mare tristețe îmi frâng inima: tatăl lui, un bătrân *pech-merga* cu care discutasem foarte mult cu doi ani în urmă, a murit de cancer de pancreas. Rămas din acel moment cap de familie, Bilal se descurcă greu, pentru că nu vrea să lucreze cu americanii, care l-au dezamăgit. A fost traducător pentru armată vreme de câteva săptămâni, dar nu i s-a reînnoit contractul. Acum, nu mai știe cum să-și câștige pâinea. Singura portiță de scăpare la care se poate gândi: să ia examenul TOEFL[1] pentru a fi admis la o universitate din străinătate – dar „nu în Statele Unite, sub nicio formă", declară tânărul cu ranchiună. „Mai degrabă în Australia sau în Canada, unde guvernele practică o politică favorabilă unui anumit profil de imigranți, mai ales cei mai educați", de unde obsesia lui de a-și îmbunătăți nivelul de limba engleză.

De la atentatele survenite la metroul londonez pe 7 iulie 2005, Oumet, fratele mai mic al lui Bilal, continuă să muncească într-un restaurant

---

[1] Examen de limba engleză pentru străini (*Test of English as a Foreign Language*) care le permite să-și pregătească dosarele de înscriere pentru a fi admiși la colegiile și universitățile de limbă engleză din Europa și din Statele Unite.

din capitala britanică, dar a pierdut orice speranță de a-și primi actele de refugiat. Bilal vorbește mereu despre situația țării lui, care, după cum spune el, s-a înrăutățit foarte mult de un an și jumătate: chiar dacă vorbește foarte bine araba, tânărului îi este teamă să se ducă la Mossul, la mai puțin de o sută de kilometri de Arbil, pentru că lumea ar putea să-și dea seama că e kurd și „să-l ucidă pe loc". Dacă Bilal înnegrește voit tabloul, alți interlocutori îmi vor confirma temerile lui.

De la ultima noastră întâlnire, tânărul vesel a devenit trist și pesimist: acum visează să-și părăsească țara și a renunțat complet la proiectele de căsătorie: „Faptul că președintele irakian e kurd[1] nu înseamnă nimic", insistă el. „E o glumă neagră. Realitatea este că arabii suniți nu vor accepta niciodată federalismul pe care noi, kurzii, îl proslăvim."

Hussein a venit să mă ia cu mașina de la Bagdad, împreună cu un prieten kurd: astfel vom putea să trecem mai ușor (și mai discret) de barajele poliției din nordul țării. Drumul spre capitală este străjuit de panouri publicitare

---

[1] Din aprilie 2005, președintele irakian este Jalal Talabani.

imense care anunță referendumul[1]: „*Vote for Irak, only for Irak*", recomandă unul dintre ele, unde se vede o mână ținând harta Irakului. Pe alt panou se poate citi în arabă și în kurdă: „Constituția este sursa unității și a speranței!"

Pe drum, facem o oprire la Kirkouk, al patrulea oraș al țării (cu mai mult de un milion de locuitori), ale cărui câmpuri petrolifere bogate sunt obiectul lăcomiei arabilor, kurzilor și turcmenilor, cele trei grupuri etnice principale din Irak. Situația este explozivă, deoarece kurzii revendică acest oraș, cerință considerată, desigur, ca inacceptabilă de celelalte două grupuri etnice. Cât despre americani, au intenția fermă de a nu modifica *statu quo ante*, aflat în vigoare sub regimul lui Saddam Hussein. Orașul se găsește în centrul problematicii federalismului, pe care noua Constituție supusă referendumului pretinde să o rezolve.

---

[1] Referendumul asupra proiectului Constituției irakiene a fost organizat pe 15 octombrie 2005. S-a înregistrat un procent de participare de 63%. Răspunsurile afirmative au fost majoritare, iar Constituția federalistă a fost adoptată.

Aici ne întâlnim cu Nidret, o turcmenă, profesoară de engleză la facultate[1], care ne primește acoperită complet cu un văl prins la gât cu o agrafă. „Întreruperile de curent electric contează puțin față de teama să nu fim uciși, pe care o simțim de fiecare dată când ieșim din casă", spune ea. „Nu facem decât să așteptăm următoarea explozie și să ne rugăm să fim cruțați. Ieri, fiul meu a trebuit să meargă să-și facă niște analize la spitalul unde a explodat o bombă acum câteva săptămâni. Mi-am făcut sânge-rău în absența lui!" În timp ce vorbim, exact la 9 și un sfert dimineața, lumina și ventilatorul pornesc; familia pare să renască, pentru că putem, în fine, să dăm drumul la televizor (care va merge toată ziua) și să punem mâncarea în frigider. Temperatura în cameră scade rapid. Nidret declară că este sigură că va vota „nu" la referendum, pentru că e de părere că textul, distribuit târziu, nu a făcut obiectul niciunei dezbateri publice și, mai ales, nu este favorabil turcmenilor. „Elevii mei suferă atât de mult din cauza ocupației, încât vin să mă întrebe de ce ar trebui să învețe limba dușmanului!", se plânge

---

[1] *Cf.* „Une famille turkmène", *Lendemains de guerre en Afghanistan et en Irak, op. cit.*, p. 279.

ea. „Nu știu cum să reacționez, nici ce să le spun... Se presupune că la școală nu trebuie să facem politică... Dar, din nefericire, TOTUL a devenit politică!... Și dacă un turcmen moare din cauza unui arab sau a unui kurd, e foarte greu să nu spui nimic", recunoaște profesoara, o musulmană practicantă căreia îi este din ce în ce mai greu să suporte prezența americană, și merge până la a afirma că majoritatea bombelor care explodează în Irak sunt plasate... chiar de americani, pentru a-și justifica prezența și regimul!

În opinia lui Nidret, trebuie să facem diferența clară între „adevărații teroriști, indiferent de naționalitate, care ucid oameni nevinovați, ceea ce este abominabil, și islamiștii care omoară americani, făcând un bine!" Spre exemplu, la aeroportul Kirkouk au avut loc recent niște atentate cu bombă împotriva militarilor americani, dar „foarte puține mijloace de informare în masă au vorbit despre asta, pentru că toate au o abordare pro-americană și preferă să nu arate ceea ce pune în lumină eșecul ocupației și perseverența rezistenței", subliniază ea.

Când abordez tema relației bărbați–femei în Irak și a statutului femeii în țările musulmane în general, cei doi bărbați care mă însoțesc se ridică amândoi deodată și pleacă să dea o raită „între timp". Am făcut o greșeală, uitând că tânăra nu poate să-și permită să răspundă liber la întrebările mele în prezența unui bărbat din familia sa, și cu atât mai puțin în prezența a doi străini! Ea râde de stângăcia mea și ne continuăm în liniște discuția: „După părerea mea, Occidentul nu respectă femeile, și pentru mine asta e o adevărată problemă", afirmă ea sincer. „În Occident, femeia nu are onoare, pe când aici demnitatea noastră este recunoscută, și suntem respectate. Totul e spus în Coran: dacă niciun bărbat în afară de soț nu trebuie să-mi vadă corpul, asta se întâmplă întâi de toate din respect pentru propria mea persoană."

Tace un moment, așteptând s-o aprob, apoi reia: „La voi, orice bărbat poate să-și petreacă o noapte cu orice femeie care i-a plăcut... dar ce facem cu copiii?", exclamă Nidret, care pare să fi uitat complet de existența contracepției (o practică foarte rară în Irak, de altfel). „Și nu vorbesc aici de prostituție, ci de ceea ce vedem în toate filmele voastre... E simplu la noi, când ne uităm la vreun program de televiziune occidentală în familie, le cer uneori copiilor să părăsească încăperea și, de altfel, fiul meu pleacă singur imediat ce apar scene de săruturi sau de nuditate." Se gândește și continuă cu o altă nedumerire: „E ca feminismul excesiv, iată încă un fenomen pe care nu-l înțeleg: Allah ne-a creat diferiți, ei bine, bărbatul și femeia ar trebui să respecte această diferență! Pe scurt, la voi e un adevărat haos!" Ce și-ar dori ea să vadă la televiziunea occidentală? „Filme documentare bune despre Islam, informații care țin cont de o altă părere, a noastră, cea a musulmanilor care trăiesc sub ocupație, și emisiuni și dezbateri care să arate bogăția Islamului: ar fi mult mai bine față de repetarea acelorași amalgamuri obișnuite cu privire la Islam, islamiști și teroriști!"

Ieri, soțul lui Nidret s-a întors dintr-o călătorie de afaceri la Istanbul. La granița turco-irakiană, a fost hărțuit de grănicerii (kurzi) care descoperiseră printre lucrurile lui o carte de istorie despre poporul său, turcmen. Din cauza asta, a pierdut autobuzul și n-a putut ajunge la Kirkouk decât noaptea târziu. Nidret suspină și se uită în pământ: „Atât aici, cât și la Bagdad și în sud, poporul nostru a trăit întotdeauna foarte greu. La nord, kurzii s-au descurcat mereu... Vor Kirkoukul, dar nu-l vor avea niciodată. Ne vom lupta, dacă trebuie, și va fi un adevărat război civil", spune ea, cu o nedisimulată ură și aversiune față de kurzi.

În vârstă de 18 ani, fiul cel mare al lui Nidret s-a confruntat cu o dilemă: să plece să-și facă studiile cel puțin patru ani la universitatea din Bagdad, sau să se mute în Turcia (a cărei limbă o vorbește). Mamei lui nu-i place nici o variantă, nici cealaltă: „La Bagdad, aș tremura pentru el în fiecare secundă; dacă pleacă în Turcia, mă îndoiesc că se va mai întoarce vreodată, ca toți băieții de vârsta lui; mai știu că un kurd îi va lua imediat locul! Asta-i exact ce așteaptă kurzii! Toată lumea știe asta, și dacă toți tinerii de vârsta fiului meu își părăsesc țara, Kirkouk va deveni, firește, kurd. Nu trebuie să-i lăsăm!", încheie ea, fermă.

Chipul încleștat al lui Nidret nu va fi luminat de un surâs decât atunci când va vorbi despre universitatea pentru turcmeni pe care un exilat din acest grup etnic, întors din Statele Unite, vrea să o înființeze la Kirkouk. Clădirile ar trebui să fie ridicate în trei ani, iar cursurile ar începe imediat. „Poate că fiica mea cea mică, acum în vârstă de șapte ani, va avea șansa să studieze acolo?..."

Plecăm din nou. Înălțate în curțile caselor sau în fața clădirilor oficiale, primele steaguri irakiene se văd doar la sud de Kirkouk, ca și cum împrejurimile acestui oraș disputat ar marca o frontieră imaginară. Însoțitorii mei caută benzină mai ieftină. În cele din urmă, găsim la 7 dolari pentru 30 de litri, preț chiar rezonabil. Vânzătorii sunt șoferi de taxi opriți pe marginea drumului, care se prefac că ascund canistrele în portbagaj. Încercăm să evităm posturile de poliție, unde ar sta și americani, și irakieni. În general, se văd de departe, la capătul cozii. Dacă nu le putem evita, ca multe alte mașini care nu au chef să piardă timpul, întoarcem și mergem pe altă rută. De multe ori, trebuie să ne oprim și să stropim tare radiatorul mașinii, intens solicitat de căldura de afară și de aerul condiționat pe care-l lăsăm să funcționeze din plin.

La vreo sută de kilometri de Bagdad, Hussein se întunecă la față. După 16 ore, puțină lume se aventurează pe acest drum pe care merg doar locuitorii din satele vecine, americanii și poliția irakiană. Suntem în centrul zonei sunite, o Mecca a rezistenței anti-americane, iar această porțiune de drum este extrem de periculoasă. După cum stau mărturie carcasele carbonizate ale camioanelor care transportă dale de beton pentru împrejmuirile clădirilor americane sau ale administrațiilor irakiene, atacurile nu sunt rare și, adeseori, șoferii sunt deturnați de rezistență. Ciudata absență a posturilor de control în această zonă (în condițiile în care în alte părți sunt prea multe) dă și mai mult impresia de nesiguranță. Continuăm să mergem cu viteză constantă (140 km/h), pe un fundal sonor suav, cu șlagărele ultraromantice ale lui Julio Iglesias, cântărețul preferat al lui Hussein.

Ajungem, în sfârșit, la Bagdad, cu grămezile sale de gunoaie și de miasme groaznice, cu giganticele sale noduri autorutiere și cu impunătoarele turme de oi murdare, pe care nici măcar mașinile nu le mai sperie. Deasupra unui refugiu de autobuz pe jumătate vandalizat, un panou publicitar pentru țigările Gauloises proclamă în franceză: *„Liberté toujours!"* Mă întreb dacă era deja acolo sub conducerea lui Saddam sau dacă acest mesaj curajos a apărut mai târziu. În orice caz, sloganul este de mare actualitate...

Vizibil mai destins odată ce și-a îndeplinit misiunea și am ajuns în oraș, Hussein comentează situația politică a momentului: pentru el, nu există nicio îndoială, federalismul, care a arătat deja de ce e în stare în Kurdistan, e singura soluție. Ar vrea, de asemenea, ca următoarele alegeri[1] să ofere țării un guvern nou, ca americanii să promită în sfârșit că vor părăsi țara și ca guvernul irakian să nu se preocupe doar de „securitate", ci și de electricitate și de apa potabilă, deci de reconstrucția țării. „Toată lumea e obsedată de Constituție și de securitate, dar irakienii sunt cei care plătesc prețul acestei situații! În cele din urmă, asta îi va costa scump pe americani", spune el.

Pe străzi, tensiunea crește întotdeauna când se apropie o patrulă americană. Dacă în urmă cu un an mașinile Humvee se amestecau de-a dreptul în circulația infernală, astăzi pe ultimul blindat din convoi e afișată o pancartă pe care scrie: „Rămâi la 100 de metri, sau trag." Rezultatul: circulația este și mai haotică, și teama se simte de ambele părți. Americanii se apără

---

[1] Hussein se referă aici la alegerile legislative care au avut loc pe 15 decembrie 2005.

trăgând[1]; cât despre locuitorii Bagdadului, la apropierea unui convoi, cotesc la dreapta, la stânga, provocând ambuteiaje groaznice. Într-o dimineață, drumul care merge spre centru e blocat: tocmai s-a produs un atentat (am auzit clar explozia). Două microbuze carbonizate blochează drumul. Într-unul dintre ele era un kamikaze. Ambulanțele nu au sosit încă, iar șoseaua este roșie de sânge. Au murit șapte oameni, ne spune un polițist irakian, cu un aer plictisit, devorând o banană, dar simt planând în aer o oarecare indiferență; mulțimea compactă își vede în continuare de treabă ca și cum nu s-ar fi întâmplat nimic. „Înmulțirea acestor atentate care ucid civili e dovada eșecului american!", comentează totuși un cizmar din cartier. Hussein mă sfătuiește să nu mă apropii prea tare, pentru că uneori are loc și o a doua explozie.

Cu o zi înainte, întâlnind-o pe Leila, simțisem deja aceeași indiferență ciudată, asemănătoare cu lehamitea. Leila are treizeci și șase de ani, trei copii și a fost și ea victima unui atentat.

---

[1] După mărturiile locuitorilor din Bagdad, soldații din convoaie au ucis deja mulți oameni nevinovați, pentru că șoferii irakieni nu respectaseră respectivul ordin, sau pur și simplu pentru că nu îl înțeleseseră.

Cazul său a fost ales de un nou canal de televiziune privată, Al-Sharqiya[1] (Orientul), care a inventat un nou gen de realitate televizată, sugerată direct de regimul de ocupație. Emisiunea reconstruiește, pe cheltuiala postului TV, o casă sau un apartament distruse de un atentat; poate, de asemenea, să urmărească pas cu pas spitalizarea (sau moartea în direct) a copiilor răniți, spre exemplu, cu prilejul unui atac american. Scopul Al-Sharqiya, al cărei director general, Saad Al-Bazzaz, este un fost responsabil de agenție de presă oficială care a condus și postul de radio național înainte să fugă la Londra, în 1992[2], pare să detroneze Al-Jazira, marea sa concurentă, printr-o grilă de programe și mai percutantă, de altfel votată de telespectatorii irakieni. O altă emisiune, „Sănătate și bogăție",

---

[1] *Cf.* „Copying West, Iraqi TV Station Creates Hit", de Yochi J. Dreazen, *The Wall Street Journal*, 22 august 2005.

[2] Saad Al-Bazzaz s-a întors în Irak după căderea regimului și a fondat mai multe ziare. Canalul lui de televiziune, Al-Sharqiya, emite începând din 11 iunie 2004. Intenționează de asemenea să înființeze un post prin satelit internațional, în engleză, și un altul pentru copii, imitând din nou strategia Al-Jazira, al cărei post anglofon va începe să emită în mai 2006.

copiază „Newlyweds" de pe postul american MTV, dar în loc să monitorizeze un cuplu cunoscut vreme de câteva săptămâni înainte de căsătorie, emisiunea filmează un cuplu de anonimi de la logodnă până în primele săptămâni de căsnicie, detaliind costul ceremoniei (adesea mii de dolari), plătit în totalitate de postul TV în schimbul dreptului de a filma integral atât petrecerea, cât și pe însurăței, douăzeci și patru de ore din douăzeci și patru.

Emisiunea lunară „Muncă și materiale", la care participă Leila, cheltuiește, la fiecare episod, aproape treizeci de mii de dolari pentru reconstruirea locurilor distruse de război. În loc să renoveze apartamente al căror design nu mai este la modă, repară și reconstruiește în întregime case și clădiri distruse de bombardamentele americane sau de atentate, subliniind, de asemenea, în permanență, ceea ce Leila și alte victime ale acestui tip de distrugere nu încetează să repete: „Americanii n-au făcut nimic pentru noi! Uitați-vă ce dezastru!" Deocamdată, în absența unei piețe de publicitate viabile în Irak, emisiunea este sponsorizată de cei doi principali furnizori de telefonie mobilă din țară, dar Saad Al-Bazzaz e încrezător în viitor.

Leila ține minte cele mai mici detalii ale acelei zile de august 2004, când teroristul, care nu reușise să-și parcheze mașina-capcană cât mai aproape de biserica creștină vizată, a lăsat-o în paralel cu o altă mașină, la doi pași de fereastra de la bucătăria ei. A avut timp să închidă cu cheia ușile vehiculului și să se îndepărteze, înainte ca mașina să explodeze. „Eram acasă cu cei trei copii și mă uitam la televizor", spune Leila. „Tavanul și un perete întreg al casei au fost spulberate. Ne-au dus la spital, unde, peste două luni, am primit vizita producătorilor de la postul Al-Sharqiya. Căutau un caz «interesant» și bine-nțeles că au fost interesați de rana de la ochi a fiicei mele, de faptul că suntem o familie șiită instalată într-un cartier creștin din Bagdad, în condițiile în care majoritatea vecinilor mei sunt suniți. Nu auzisem niciodată nimic despre această emisiune, dar mi s-a părut o șansă pe care nu o puteam neglija, pentru familia noastră, de a scăpa de probleme... Soțul meu și cu mine nu aveam bani să renovăm apartamentul și să plătim tratamentele medicale și spitalizarea; Al-Sharqiya a sosit deci la momentul potrivit!"

Ne întoarcem în cartierul Al-Mansour, acasă la Hussein, unde m-am instalat. Sub nicio formă nu vreau să fiu reperată în vreunul dintre numeroasele hoteluri din capitală. După o cină frugală pregătită de Leila, soția lui, mă duc la culcare foarte devreme. Sunt legănată de zgomotul televizorului instalat în camera tânărului cuplu, care va funcționa până când se va opri generatorul, spre ora unsprezece. La miezul nopții, cu o pauză de un sfert de oră între ele, două explozii puternice mă trezesc brusc. Urmează împușcături rapide, iar elicopterele survolează mult timp cartierul. „Zgomote nocturne obișnuite", va comenta Hussein a doua zi dimineață, adăugând că, cu două zile înainte de sosirea mea, un comando de militari americani a făcut o operațiune de descindere la patru grupuri de case distanță de a noastră, într-un imobil privat închiriat de două luni unui cuplu de irakieni. Militarii s-au luptat cinci ore să-i doboare pe cei opt combatanți, toți de naționalitate somaleză. A fost descoperită o cantitate impresionantă de arme; Hussein îmi va arăta casa, care nu mai e decât un morman de ruine.

Hussein nu e, la drept vorbind, un islamist, dar are o imagine despre Occident din ce în ce mai părtinitoare, negativă, mai ales de când, pe

30 octombrie 2004, soția lui a fost rănită la față într-un atentat sinucigaș împotriva postului de televiziune Al-Arabiya, unde lucrează ca inginer. Atentatul a provocat moartea a cinci persoane și a rănit alte șapte. Hussein demarează în trombă din parcare. „Islamiștii din rezistență nu ne plac, pentru că Al-Arabiya îi ignoră", explică Hussein. „Consideră, în mod greșit, că suntem prea pro-guvernamentali, și sunt nemulțumiți că am refuzat să le difuzăm clipurile de propagandă!" După atentat, soția lui Hussein a plecat să se îngrijească în Arabia Saudită, toate cheltuielile fiind plătite de proprietarul postului, șeicul saudit Walid Al-Ibrahim, a cărui soră este soția regelui Abdullah ibn Abdel Aziz, noul suveran de la Ryad. Dar Leila are nevoie de îngrijiri suplimentare pentru chipul său încă afectat și trebuie să se întoarcă des în Iordania, unde Hussein chiar voia să se instaleze. „Chiar dacă aș câștiga o mie de dolari pe lună, tot nu aș rămâne aici, în Irak, pentru că aș putea pierde banii ăștia într-un minut! Nu vreau să stau toată viața cu frica-n sân", suspină el. „Sub regimul lui Saddam, puteam cel puțin să emigrăm și aveam șanse să obținem azil politic în altă parte. Astăzi, șiiții și kurzii (Hussein este șiit) nu

mai au nicio șansă, de vreme ce se presupune că am fost eliberați, în timp ce suniții, care au fost cu toții pro-Saddam, pretextând amenințări la propria persoană și faptul că nu pot să trăiască liniștiți în Irak, reușesc să obțină azil politic! Lumea s-a întors cu susul în jos!"

Fratele mai mare al lui Hussein trăiește de treizeci de ani în Marea Britanie, dar cei doi au rupt complet legăturile: „De când și-a însușit mentalitatea occidentală, fratele meu a devenit egoist. Și-a uitat complet familia și valorile tradiționale islamice", îi reproșează Hussein, nevrând să mai audă de această rudă care s-a făcut de rușine. După părerea lui Hussein, mulți irakieni au suferit o metamorfoză asemănătoare după ce au plecat în Occident. De ce? „Trebuie să vă întrebați, voi cei care trăiți în Occident. Ce le faceți, ca să se schimbe într-atât?", spune el râzând.

În aceste zile de septembrie 2005, cartierul Al-Sadr din Bagdad (două milioane de locuitori, printre care cei mai săraci din oraș și cei mai violenți anti-americani) e în centrul atenției: cu o zi înainte, au fost ucise aici zece persoane. Scenariul rămâne confuz: o patrulă americană distribuia bomboane copiilor, când „cineva" a tras. Militarii au ripostat; apoi împușcăturile au durat aproape trei ore. Hussein se îndoiește că evenimentele n-o vor lua razna din nou, ca în toamna lui 2004, cu atacul american de la Najaf, un oraș din sud. Liderul religios șiit Moqtada Al-Sadr[1] a afirmat atunci că orașul este sub protecția lui. Acest scenariu s-ar putea reedita în pulberea cartierului Al-Sadr din capitală.

Numeroasele patrule ne obligă să ne modificăm încă o dată traseul pentru a ajunge la mănăstirea dominicană unde mă așteaptă fratele Youssouf Mirkis[2]. „În loc să se preocupe de lipsa dialogului, Occidentul arde etapele. Societatea noastră își strigă durerea, dar Occidentul nu o întreabă unde o doare. Cauza dezbinării țărilor arabe este colonizarea europeană. Iată rolul Europei, și iată roadele disprețului pe care l-a semănat!" Rana, veche de cincizeci de ani, a fost agravată de umilințele succesive (în 1948, în 1967 și în 1973) și, de atunci, supurează

---

[1] Tatăl lui Moqtada, Mohammed Sadeq Al-Sadr, fusese asasinat de zbirii lui Saddam, în 1999. Pentru a-i onora memoria, cel mai mare cartier șiit din Bagdad a fost numit Al-Sadr.

[2] *Cf.* „Un père dominicain", *Lendemains de guerre en Afghanistan et en Irak, op. cit.*, p. 331.

mereu... Ni se spune lumea a treia: de fapt, suntem mai degrabă lumea a douăzeci și cincea! Așa că islamiștii noștri plătesc cu vârf și îndesat, diabolizând Occidentul", explică calm preotul creștin, într-o franceză perfectă, încercând să expună viziunea islamiștilor despre occidentali. „Aici, mass-media arabe ce știu despre lumea voastră de când cerul este deschis pentru sateliți? Practic, violența și pornografia! Pentru voi, de la atentatele din septembrie 2001, un islamist a devenit un terorist. Islamiștii din lumea întreagă simt că sunt cumplit de nedreptățiți. Și unde putem încă vorbi liber despre această nedreptate, cu propriile noastre cuvinte, chiar stângace, chiar jignitoare? Moscheile, desigur, ele sunt refugiul prin excelență al liderilor apolitici și al limbajului apropiat de oameni!"

Preotul creștin, care nu și-a abandonat niciodată țara, își petrece timpul reflectând la originile acestui islamism din ce în ce mai agresiv: „Societatea noastră a fost încremenită vreme de paisprezece secole, fiind incapabilă să se reformeze din interior. De altfel, e întotdeauna mai ușor să-ți găsești un dușman exterior pe care să-l ataci... Așa s-a întâmplat în ziua în care atentatorii kamikaze au atacat simbolul centrului economic mondial, cele două turnuri de la World Trade Center, din New York. Au pus mașinăria în funcțiune și, de atunci, ea a rămas pornită. Uitați-vă, de exemplu, în Gaza, o societate neurastenică, cu cerul și frontierele închise. Oamenii trăiesc acolo ca în *Cu ușile închise* a lui Jean-Paul Sartre. Ei bine, când casa vecinului arde, reacția normală este să alergi în ajutorul lui, de teamă să nu se extindă focul. Cred că neurastenia palestiniană s-a răspândit peste tot în lumea musulmană. Adevărul este că vă iubim și vă detestăm în același timp. Nimeni n-a emigrat vreodată spre țări sărace, așa că ne îngrămădim spre Occident, dar nu vă iubim. «Voi sunteți sursa nefericirilor noastre»: iată ce spune Orientul Occidentului!"

Părintele Youssouf Mirkis crede că sunt numeroase asemănări între Statele Unite și lumea arabă, ceea ce ar explica, în parte, ura lor reciprocă. Începe să le detalieze: „Mai întâi, America este un continent care vorbește aceeași limbă; aici, o comunitate de țări pe o suprafață de douăsprezece mii de kilometri vorbește, de asemenea, aceeași limbă, araba. În al doilea rând: America este un continent tânăr; societatea arabă comportă, de asemenea, mai mult de

60% tineri (din contră, în Europa, se pare că populația îmbătrânește). În al treilea rând: lumea arabă este mereu în mișcare, ca și societatea americană. De la căderea imperiului otoman, în lumea arabă migrațiile sunt constante, ca și cele ale americanilor în țara lor-continent. În sfârșit, mi se pare că cele două lumi ale noastre care se ciocnesc dau dovadă de același patriotism al identității, în timp ce, în Europa, individualismul a limitat orice atașament de acest fel. Toate acestea nu pot să nască decât un amestec deosebit de exploziv, nu?"

Youssouf Mirkis povestește că, asemenea oricărui irakian, el a fost crescut în dispreț și ură față de evrei, sentiment dificil de reprimat până în acea zi a anului 1995 când, în trecere prin Franța, a avut curajul să deschidă ușa unei sinagogi și să stea la rugăciune. Acest lucru i-a schimbat viziunea asupra iudaismului.

Apoi, își reia firul gândurilor: „În Occident, sunt mulți intelectuali și conducători politici care se bucură de un anumit prestigiu și se exprimă complet liber; aici, în Orient, nu sunt. De-asta rămân multe lucruri nespuse în societate. În spațiul public nu pătrunde nimic, și pe măsură ce se acumulează tot mai multe lucruri

Musulmani indieni studiind Coranul în Jamia Masjid, situată în localitatea Srinagar.

Tariq Ramadan, filosof și scriitor elvețian, apreciat pentru îndemnul la dialog între religiile contemporane.
Imagine din timpul unei conferințe la Bordeaux, 26 martie 2016.

Miting electoral în favoarea mișcării Hamas, desfășurat la Ramallah, 2007.

Anis Ahmad, profesor de islam de origine pakistaneză, adversar înfocat al civilizației europene occidentale.

Imran Khan, politician pakistanez. În 1996, a înființat Mișcarea pentru Dreptate, care promovează democrația islamică.

Youssouf Mirkis, cleric dominican, arhiepiscop caldeean al orașului Kirkuk, Irak.

Pervez Musharaff, președintele Pakistanului în perioada 2001-2008. S-a numărat printre aliații Statelor Unite împotriva mujahedinilor afgani.

Moscheea Badshahi, sediul unei cunoscute școli islamice (*medrassah*) pakistaneze.

Ossama bin Laden, lider al-Qaida, la o conferință de presă din 26 mai 1998.

© Getty Images

În această imagine preluată dintr-un film difuzat de Departamentul de Apărare al SUA pe 4 mai 2006, al-Zarkawi apare ținând o mitralieră pe care forțele armate americane susțin că au găsit-o ulterior.

© Getty Images

Taliban aflat de pază la graniţa dintre Afganistan şi Pakistan, la Turkham.

Fotografie realizată în 2001, cu o cameră ascunsă, la Kabul. În imagine se văd doi talibani din poliţia religioasă care bat în public o femeie, deoarece renunţase la voal (*burqa*).

Patrulă talibană pe străzile orașului Herat, 2001.

Musulmani afgani din provincia Kunar, în timpul rugăciunii, 2009.

Hamid Karzai,
președinte proamerican
al Afganistanului,
în perioada 2004-2014.

Tariq al-Hashimy, vicepreședinte al Irakului (în stânga),
întâmpinat la Pentagon de Robert Gates, Secretarul Apărării Statelor
Unite, 3 februarie 2010. La momentul convorbirii cu Anne Nivat,
ca membru de conducere în Partidul Islamic Irakian, de opoziție,
era un critic al civilizației americane.

nespuse, se naște ura. Această ură nu e îndreptată împotriva conducătorilor politici sau a intelectualilor, ea afectează masele. Din nefericire, nimeni nu poate împiedica un preot să exploateze această pornire! Sunt convins că țările musulmane suferă astăzi de o neurastenie socială la scară mare, sau de o depresie comunitară care ar fi interesant de analizat. Și ura e provocată tocmai de imposibilitatea de a-și face vocea auzită. Imperceptibil, societatea noastră alunecă spre un elogiu al sinuciderii, sau, în orice caz, al rezistenței. Trebuie să privim terorismul ca pe o supralicitare, în sensul inflației unui limbaj care a luat-o razna: un terorist dispune de puține cuvinte, el acționează violent cu singurul scop de a se face auzit, ceea ce înseamnă, pentru el, a supraviețui! Teroristul începe prin a refuza; apoi strigă, strigă, strigă... și, în cele din urmă, obosit că nu se face auzit, ucide sau se sinucide, sau ambele în același timp. Această coborâre în infern este de ordin pur psihologic, pentru că nu e normal ca tinerii să dorească să se sinucidă. Adeseori când călătoresc în Occident, interlocutorii mei mă întreabă cum poate populația noastră, care trăiește în condiții atât de periculoase, să facă atâția copii. Le răspund că este normal: cu cât o țară își apără mai mult familia ca atare, cu atât mai puțini copii se nasc, din cauza Securității sociale și a altor avantaje sociale. Din contră, societățile mai puțin protejate sunt cele mai prolifice, copiii apărând ca singură «garanție» a unui viitor nesigur!"

Nu departe de biserica fraților dominicani, așezat pe un taburet în mijlocul șantierului frumoasei sale galerii, închisă din cauza lucrărilor și a nesiguranței, pictorul Qasim Al-Sabti este disperat. Adversar fervent al regimului lui Saddam, el îndrăznește în prezent să declare că „am avea nevoie de un om ca fostul raïs, sau de o autoritate absolută cu un astfel de temperament, care să le vină de hac banditilor și ucigașilor. Pentru că trebuie să reinstaurăm ordinea!" Și el afirmă că detestă „stilul american" și tipul de democrație pe care vor să-l impună militarii. „După treizeci și cinci de ani de dictatură, cum să obții o democrație ca prin farmec? Avem nevoie de timp. Astăzi, partidul Dawa (șiit) este influențat de Iran; americanii, care abia se mențin la suprafață, mor pe capete în fiecare zi!" Qasim identifică trei tipuri de teroriști: cei care vin din țările islamice învecinate, „invitați" de americani; fostele forțe de poliție Baas sau

„orfanii lui Saddam"; în sfârșit, simplii irakieni care „au hotărât să alunge ocupantul".

Pentru acest proprietar de galerie care s-a învârtit pe lângă mulți occidentali (cei mai buni clienți ai săi) înainte ca aceștia să părăsească Bagdadul, imaginea proiectată de societatea occidentală în țările musulmane este dezastruoasă: „De curând, am văzut la televizor un reportaj despre un american judecat pentru că își omorâse soția și copiii. După părerea mea, omul ăsta ar trebui să fie ucis, simplu. De ce să tergiversăm? Detest mentalitatea asta americană ipocrită, și cultura lor joasă, bazată pe derizoriu, *cheap* și pornografică! Dacă asta înseamnă democrație, nimeni nu o vrea aici...", comentează el, asigurându-mă că, în fața acestor orori, fiica lui de unsprezece ani renunță din proprie inițiativă să se mai uite la televizor.

Cum ne aflăm în ajunul a două evenimente politice majore (referendumul asupra Constituției și alegerile legislative), mă hotărăsc să vizitez principala formațiune sunită a țării, Partidul Islamic Irakian[1] (născut din grupul islamist al

---

[1] Partidul Islamic Irakian, unul dintre principalele partide politice musulmane non-șiite din Irak, a fost fondat în 1960. Sub regimul lui Saddam Hussein era

Frația musulmani), care a acceptat în cele din urmă acordul asupra proiectului Constituției și și-a invitat partizanii să voteze „da" la referendumul de pe 15 octombrie, în timp ce Comitetul oulémas, principala asociație religioasă sunită a țării, condamna poziția Partidului Islamic, acuzându-l că „a rupt consensul fără a consulta celelalte grupuri" sunite.

Proiectul Constituției, document inspirat în mare parte de americani, prevede crearea unui stat federal divizat în două, între, în sud, o zonă formată din nouă regiuni supervizate de șiiți și, în nord, provinciile autonome kurde așa cum erau ele sub regimul lui Saddam.

A fost prevăzut, de asemenea, ca populația kurdă să-și păstreze miliția de șaizeci de mii de bărbați, acei vestiți *pechmergas* care continuă să le provoace frică altor minorități, turcmene și sunite.

---

clandestin, și a intrat în guvernul irakian pro-american după invazia țării de către forțele militare americane. S-a retras din guvern pe 9 noiembrie 2004, după atacul de la Falloudja, și a boicotat alegerile generale irakiene de pe 30 ianuarie 2005. După un acord de ultim moment, a acceptat să participe la alegeri cu condiția ca proiectul Constituției să poată apoi fi amendat de Parlament.

Când sosim în incinta clădirii care găzduiește astăzi conducerea Partidului Islamic Irakian, după ce mult timp a fost cartierul general al partidului Baas, mașina ne este percheziționată foarte atent: în apropierea alegerilor, neîncrederea e de două ori mai mare. În imensa sală de așteptare, zidurile sunt tapisate cu afișe care prezic că „Allah ne va uni"; ici-colo, fotografii ale bătăliei de la Falloudja arată copii răniți sau pe moarte. Pe un alt perete tronează un orologiu impunător, alături de un poster reprezentând Piatra neagră de la Mecca. Răsfoiesc un ziar de partid, *Dar Al-Salam*, ediția zilei proclamând faptul că „politicienii americani vor oferi Irakul Iranului". Brusc, cele cinci ventilatoare se opresc și, în timp ce palele lor își încetinesc lent mișcarea, căldura ne asaltează deja. După câteva minute care par interminabile, repornesc.

Tariq Al-Hashimy, bărbatul cu alură foarte occidentală care ne întâmpină în cămașă și pantaloni de bumbac, este „directorul general adjunct" al partidului. Primele lui cuvinte denunță fără ocolișuri situația din Irak din primăvara lui 2003: „Americanii și coaliția pe care o conduc sunt niște barbari, iar noi trăim sub un regim monstruos de ocupație. Sunt niște sălbatici care nu respectă sub nicio formă drepturile omului!", acuză el, citând ca exemplu percheziţiile la care sunt supuși zilnic irakienii, mai ales suniţii: „Poliția irakiană, pe care americanii au «format-o», cum spun ei, nu-și mai încape în piele de bucurie: distruge interioarele și fură de la locuitori. Cum nu reușesc să-i scoată pe membrii rezistenţei din bârlog, forţele de ordine se iau de civilii nevinovaţi. Când arestează pe cineva, îl duc nu se știe unde și îl aruncă în închisoare fără să facă nici cea mai mică anchetă!", se revoltă el. Bărbatul, care va respecta, prin urmare, ordinul partidului său (să voteze „da" la referendum) este totuși convins că proiectul Constituţiei este în mod fundamental rău, „pentru că acest tip de text trebuie să fie redactat pe timp de pace, când toată populaţia este în consens. Constituţia este scrisă pentru popor, nu pentru cei care îl guvernează, fie ei kurzi sau șiiţi", crede el că e potrivit să reamintească.

În opinia lui Tariq Al-Hashimy, vechea Constituţie din 1925 ar trebui să fie încă în vigoare. În rest, spune el, multe ţări trăiesc fără Constituţie: „Înainte de a se preocupa să dea Irakului o nouă Constituție, ar trebui să fie îndeplinite cel puțin două condiții", subliniază el. „Ca americanii să părăsească țara, și să fi fost în stare să organizăm alegeri normale." Odată ce trupele americane ar pleca, țara n-ar plonja oare într-un război civil? Al-Hashimy are deja răspunsul pregătit: implicarea forțelor de pace ale Națiunilor Unite este singurul mod de a opri rezistența, condiție preliminară organizării oricărui scrutin. „O altă soluție ar fi ca americanii să anunțe un calendar al retragerii, care ar avea ca efect și anularea rezistenței în proporție de 80%", asigură el. „Doar Al-Zarqaoui, poate, ar rămâne indiferent la această nouă situație, pentru că e vorba de un personaj care nu crede nici în democrație, nici în eficacitatea vreunui guvern nou. Viziunea sa despre Islam, extrem de rigoristă, include și faptul că doar Allah este capabil să-i judece pe oameni și să le organizeze viețile."

Cât despre legăturile cu Occidentul, Tariq Al-Hashimy deplânge faptul că, în țările bogate, economia și regulile sale înving: „Viziunea noastră despre civilizație e mai tradițională; ținem la valori precum egalitatea, respectul față de om și libertățile sale. Aș vrea să subliniez că

Islamul respectă orice altă religie care își are originea în Cartea sfântă, cum ar fi religia evreilor sau a creștinilor. Religia noastră a permis mereu căsătoriile mixte sau mesele în comun. Regimul de ocupație și violența sa ne-au făcut să ne pierdem toleranța față de adversari! Să nu uităm că i-am primit bine pe americani atunci când ne-au eliberat; am început să le opunem rezistență numai când au anunțat că vor să rămână pentru o perioadă nedeterminată. Și totul s-a înrăutățit când au început să se poarte urât, ucigând nevinovați în timpul unor manifestații pacifiste sau călcând în picioare un om în timpul arestărilor. Acesta e semnul clar al ignoranței lor complete cu privire la valorile și tradițiile noastre!"

Bărbatul încearcă să rămână calm, dar mânia lui învinge atunci când evocă vestita carte a lui Samuel Huntington despre „șocul civilizațiilor": „Bush are toate datele unui sionist creștin care vrea să-și impună religia și valorile în această parte a lumii. Nu sunt de acord cu cartea lui Huntington, cred că civilizațiile, în ciuda diferențelor, pot să conviețuiască în pace, dar tocmai America este cea care provoacă acest șoc, forțat..."

Tariq Al-Hashimy vrea să-mi dea informații despre actele de violare a drepturilor omului săvârșite de soldații americani, dar și de ofițerii poliției irakiene, „care ucid fără dovadă, aruncă toate cadavrele în râu după ce le-au torturat cu fierăstrăul electric; iar americanii sunt perfect informați cu privire la aceste practici, de vreme ce, după cum ni se raportează, în timpul perchezițiilor lor îi amenință pe bieții irakieni că îi predau forțelor de poliție irakiene!" La plecare, îmi va da un raport al partidului pe această temă, ilustrat de numeroase fotografii cu detalii concrete ale torturilor. „Am transmis toate aceste informații guvernului, dar nu îi pasă."

Vorbind cu oamenii, mi-am dat seama, într-adevăr, că irakienii nu au niciun respect față de poliție, în care nu ar avea niciodată încredere în caz de pericol. Ei își etalează prezența fără rușine, iar diferența față de Saddam și zbirii lui este mare, pentru că aceștia se deplasau, după câte mi s-a spus, cu multă discreție, astfel încât aproape că nu puteau fi văzuți, atât de mult ținea rețeaua să nu iasă în evidență. Astăzi, când văd trecând convoaiele polițiștilor în mașini 4x4 cu geamuri fumurii, lăsând uneori să se întrevadă, când sunt deschise, siluete cu fețe mascate, în uniformă neagră, cu mitralierele îndreptate spre populație, îmi spun că acești polițiști care seamănă cu Rambo par să fi adoptat cele mai rele obiceiuri ale americanilor, în primul rând aroganța.

Plonjăm din nou în ambuteiajele monstruoase de pe malurile Tigrului, pentru a-l întâlni pe Abdel Salam Dawoud Al-Kubaisi, liderul Asociației suniților ouléma[1], în biroul său din uriașa moschee Oumm Al-Qura, un complex religios construit în urmă cu doar șapte ani. Opunându-se hotărât ocupației, asociația nu a încetat să le ceară americanilor să părăsească țara și a boicotat alegerile legislative din 15 decembrie 2005[2].

---

[1] Creată pe 14 aprilie 2003, la cinci zile după căderea regimului lui Saddam Hussein, această asociație, numită de asemenea Consiliul ouléma, regrupează toți suniții ouléma din țară. Odată cu ocupația, acest Consiliu a devenit responsabil de moscheele din țară și de finanțarea imamilor. El ajută și familiile defavorizate, și membrii familiilor „martirilor", ale răniților și ale celor care au fost capturați de forțele americane.

[2] Pe 7 ianuarie 2006, membrii locali ai Asociației suniților ouléma au fost percheziționați de armata americană.

Trecând prin fața stadionului Malaab al-Shaab, remarc două afișe ale liderilor partidului Baas, pe ale căror capete a fost pusă o recompensă de un milion de dolari fiecare. Dansul neîntrerupt și zgomotos, aproape de sol, al elicopterelor Apache, controalele rutiere aberante și convoaiele militare care nu se mai opresc amintesc faptul că Bagdadul a devenit un veritabil câmp de bătălie camuflat. Totuși, în acest haos, negustorii de mobilă își expun, în continuare, mărfurile lor greoaie pe trotuarele prăfuite, vânzătorii de pantofi din Karrada dorm încă buștean, în plină zi, chiar pe pardoseala magazinului lor, iar tinerii din Bagdad se strâng în continuare la apus în fața restaurantelor și supermarketurilor (ținte predilecte ale teroriștilor), vorbesc nestingheriți, trimit SMS-uri tastând rapid pe butoanele telefoanelor mobile, sau își fac unii altora demonstrații cu cele mai la modă tonuri de apel din lume, precum acest șlagăr al unei cântărețe libaneze sau chemarea extrem de melodioasă a muezinului de la o moschee. Bucăți întregi de zid dispar sub graffiti. Aici citesc, scris, poate, de un american: „*Jesus loves you*", în engleză; dincolo, pe o ușă, un stângaci „*American Army Go Hell*" a fost pictat cu roșu. În acest ajun de

Ramadan, ceremoniile de nuntă contribuie la dezordinea generală și numeroase alaiuri de tineri căsătoriți sunt blocate în aglomerații cumplite, sub privirile blazate ale soldaților americani.

Când intru în anticamera șeicului, televizorul este pe Al-Majd, un post religios saudit[1], apoi cineva schimbă canalul (special pentru mine?), pe Al-Jazira. Secretarele șeicului încep să stea de vorbă cu cei care așteaptă să fie primiți și izbucnesc criticile la adresa guvernului irakian, acuzat de prost control asupra țării. Și aici oamenii sunt traumatizați de descinderile foarte violente ale unor indivizi în civil, noaptea, în casele irakienilor suniți, sau de faptul că suniților le sunt distruse magazinele. Asistentul șeicului îmi înmânează cinci CD-uri pline cu poze „care pot servi drept dovezi". „De când le-am primit, transmitem toate aceste informații Națiunilor Unite, chiar dacă știm dinainte că, probabil, nu va servi la nimic", explică Abdel Salam Dawoud Al-Kubaisi, care a început întâlnirea amabil, mulțumindu-mi pentru vizită și

---

[1] Înființat în anul 2002, cu sediul la Dubai. Sloganul său: „Canalul sfântului Coran".

subliniind toate gândurile bune pe care le nutrește față de țara mea, „unde guvernul și populația trăiesc în mai mare armonie decât oriunde altundeva în lume."

Șeicul a călătorit mult, mai ales în Franța și în Italia (unde se afla în timpul manifestațiilor anti-americane din primăvara lui 2003), dar și în Turcia și în Japonia, unde a vizitat Hiroshima, un loc care l-a marcat în mod deosebit. Chiar i-a rămas în minte un documentar televizat în care pilotul american care a lansat arma atomică asupra orașului japonez afirmă și astăzi că este mândru de ce a făcut. „Militarii americani vin mereu să ne vadă și ne cer să punem capăt rezistenței. Le răspund fără încetare că am putea, eventual, să facem asta (deoarece combatanții ne respectă cuvântul), cu condiția să obținem plecarea lor sau, cel puțin, un calendar al retragerii. În decembrie 2004, unul dintre generalii lor mi-a spus chiar că sunt gata să elibereze toți prizonierii, să oprească perchezițiile și să reconstruiască Falloudja, în schimbul promisiunii că ne vom pronunța deschis în favoarea unei opriri totale a rezistenței! «Inacceptabil», i-am răspuns. Și așa a rămas. Căci americanii nu ne înțeleg și nu ne vor înțelege niciodată; râd de cultura noastră. Un alt general nu ezitase să peroreze despre capacitatea acestei mari țări civilizate de a crea și a dezvolta noi civilizații. «Așa cum am făcut noi în Japonia, țară care s-a dezvoltat mult și în care suntem încă prezenți», a considerat el să adauge, oprindu-se când mi-a observat zâmbetul. «Mai întâi», i-am răspuns, «civilizația voastră e foarte tânără în comparație cu a mea, iar cu privire la Japonia, dacă nu ați fi bombardat-o, poate că s-ar fi dezvoltat alfel, chiar mai bine...»"

Șeicul este dezgustat de ocupanți, dar și mai dezgustat de guvernul irakian, „care aruncă întreaga responsabilitate pentru terorism pe umerii lui Zarqaoui, ca să-și ascundă propriile atrocități..." Cât despre „islamiștii" amestecați în diferite grupuri care luptă împotriva ocupației americane, șeicul recunoaște că sunt mulți, dar spune că „înțelege" motivațiile lor pentru jihad: „Noi, ceilalți musulmani, respectăm tradițiile străinilor, dar refuzăm să ni se impună ceva prin forță! Dacă, spre exemplu, am vrea să transmitem altui popor valorile «islamice», nu am folosi forța, care este un demers greșit. Știu că membrii acestor grupuri nu cunosc nimic despre Islam, spre rușinea lor, dar americanii ar trebui să recunoască faptul că modul cum se comportă provoacă și mai multe vocații de acest gen! Pentru mine, tinerii «islamiști» sunt, înainte de toate, patrioți: își iubesc țara, astăzi sub ocupație militară; și acest sentiment, mai puternic decât orice, îi face să uite restul. Tinerii aceștia sunt obsedați de o dragoste oarbă pentru țara lor, religia lor, și deci de ura împotriva celorlalți." Convinși că participarea reală la alegeri este mai mică decât valoarea umflată a cifrelor oficiale, Abdel Salam Dawoud Al-Kubaisi deplânge și el actele unui guvern care i se pare complet aservit americanilor. După părerea lui, populația șiită irakiană, care, totuși, tocmai a câștigat alegerile[1], rămâne atât de dezorientată, încât, „dacă un fost membru al partidului Baas ar vrea să acceadă la putere, l-ar primi cu brațele deschise".

La sediul partidului șiit Dawa, unde Walid Al-Hilly, unul dintre înalții funcționari, acceptă să mă primească „rapid" înainte să plece la o altă întâlnire, atitudinea este în mod oficial mai moderată, dar neîncrederea față de oaspete pare mult mai mare: în afară de inspectarea mașinii,

---

[1] Partidele religioase șiite au câștigat 128 din cele 275 de locuri în parlament.

sunt percheziționată corporal și mi se confiscă telefonul mobil, telefonul prin satelit Thuraya și aparatul digital de fotografiat. Îmbrăcat într-un costum gri-perlă din trei piese, bărbatul cu barbă fină este un adevărat domn. Plin de decorații și mobilat cu divane impunătoare verzi și aurii, biroul lui îmi amintește de prostul-gust al funcționarilor noului regim postsovietic din Rusia. Preocuparea principală a partidului Dawa este de a-i elimina de la putere pe foștii baasiști, acuzați că au fost principalii instigatori ai rezistenței anti-americane: „Toți miniștrii lui Iyad Allawi[1] sunt corupți. E normal, a păstrat prea mulți baasiști, când ar fi trebuit să scape de ei, cum încercaseră să facă americanii încă din primele luni după ocupație. În Irak, șefii

---

[1] Iyad Allawi a fost prim-ministru interimar al guvernului irakian până pe 7 aprilie 2005, dată la care a fost înlocuit de Ibrahim Al-Jafari. Membru al comunității șiite, acest neurolog britanic (a trăit aproape jumătate din viață în Regatul Unit și și-a păstrat naționalitatea britanică) și irakian era un militant politic în exil, numit șef al Consiliului guvernului irakian creat interimar de Statele Unite. Când Consiliul s-a dizolvat, a fost numit prim-ministru, pe 1 iulie 2004, și astfel a devenit primul șef al guvernului de la căderea lui Saddam Hussein.

principalelor grupuri teroriste sunt controlați de membrii partidului Baas, chiar dacă aceștia preferă să pretindă că este vorba de Zarqaoui! Toate țintele atentatelor sunt alese de baasiști, care cunosc țara aceasta mai bine decât oricine. Ei sunt complet împotriva democrației, pentru că știu că nu vor reveni niciodată la putere prin alegeri; de aceea au optat pentru forță." Despre Partidul Islamic Irakian, Walid Al-Hilly va spune doar că e plin de foști baasiști, deci sub influența teroriștilor.

„Bun venit la Falloudja, orașul-închisoare! Aici e imposibil să te deplasezi liber și în siguranță absolută, chiar în interiorul orașului!" Omar, în vârstă de treizeci și cinci de ani, agasat și ironic în același timp, este totuși mândru să-mi prezinte orașul „lui", unde, după luptele violente din noiembrie 2004, nu mai vine niciun ziarist. Suntem cam la patruzeci de kilometri vest de Bagdad, în capitala „triunghiului morții" sunite. La aproape un an după conflictele feroce dintre armata americană ajutată de forțele irakiene și insurgenți, puține lucruri s-au schimbat, iar „evenimentele din noiembrie" sunt încă vii în inimile tuturor.

„Odată intrați în orașul nostru, americanii și-au instalat baza și s-au baricadat acolo", își amintește Omar. „Cât despre mujahedini (luptători în rezistență), care, evident, avuseseră grijă să părăsească orașul înainte de atac, au revenit aproape toți și, de atunci, își continuă guerilla camuflându-se printre locuitori, sau infiltrându-se printre forțele de ordine locale. Rezultatul: nivelul de insecuritate este mai mare ca niciodată." Omar încearcă din greu să-și păstreze surâsul. Reîntors acasă în februarie 2005, tânărul și-a reluat fără prea mult entuziasm activitatea de director al serviciilor tehnice ale municipalității. „Am fost primul care m-am întors", povestește el, nu fără o oarecare mulțumire. „E mai degrabă trist să te plimbi pe străzile astea devastate, cu case distruse și jefuite. Printr-un noroc, a mea e încă în picioare, iar mobilele nu au fost furate. Îmi închipui că a servit drept cartier general al vreuneia dintre facțiunile combatanților, înainte să fie obligați să plece. Știm astăzi că americanii au folosit bombe cu fosfor, dar la momentul acela cei care au rămas habar n-aveau despre asta[1]."

---

[1] La sfârșitul lui noiembrie 2005, Pentagonul a recunoscut că a folosit armele cu fosfor, la sfârșitul

E încă dificil și periculos să intri și să ieși din Falloudja, deși se presupune că zona a fost „securizată" de poliția irakiană. Este încă în vigoare un regim strict de control al trecerilor, care ne face să pierdem multe ore la baraje. După ora 7 seara, spre exemplu, este imposibil să te întorci în oraș: întârziații vor dormi în afara orașului. Pentru o jurnalistă care n-a fost „integrată" într-un batalion american (în plus, occidentală), nu există decât o soluție: să se îmbrace ca locuitoarele „capitalei" sunite, care au reputația că sunt conservatoare. Am ajuns deci la cele două *check-points* militare de la intrarea în oraș cu mașina lui Omar, care a venit să mă ia împreună cu soția și mama sa și cu cele două fiice; în dreapta, soția lui, tăcută pe tot parcursul călătoriei, cu vălul care nu lăsa să i se vadă decât ochii, își strângea fiica cea mică (un bebeluș de câteva luni) în brațele înmănușate; instalată pe bancheta din spate alături de bătrâna

---

anului 2004, la Falloudja, precizând totuși că fosforul „nu este o armă chimică" și că „civilii nu au fost vizați". Foarte toxic, fosforul poate provoca arsuri mortale. Poate fi folosit, dar protocolul III din Convenția din 1980 interzice să fie folosit împotriva populațiilor civile. Statele Unite au parafat Convenția din 1980, dar n-au semnat protocolul III.

mamă a lui Omar și de cealaltă fetiță a lui, în vârstă de șase ani, îmi pusesem și eu o pereche de mănuși negre; vălul meu, tot negru, nu lăsa să iasă niciun fir de păr, iar pe deasupra fustei lungi îmi pusesem o *abbaya* largă care îmi acoperea tot corpul.

Numeroasele convoaie încetineau circulația, și trebuia să le depășim și prin dreapta, și prin stânga, metodă întotdeauna periculoasă de a câștiga timp, pentru că marginile drumului ar putea fi minate. (Gurile rele spun, de altfel, că americanii au găsit astfel cele mai bune dispozitive de deminare din lume: localnicii grăbiți!) După două ore bune de mers, am ajuns la marginea orașului. În tăcere, a trebuit să așteptăm răbdători la coada de mașini. La primul post de control, soldații irakieni au verificat identitatea șoferului, ca și adresa exactă a locuinței lui din Falloudja. La al doilea post, situat la doar câteva sute de metri, ni s-a cerut să coborâm din mașină pentru a fi controlați. Soția lui Omar, mama lui și cu mine am fost percheziționate de o femeie-soldat americană cu un aer plictisit, fără să se gândească nimeni să ne ceară actele. Telefonul meu prin satelit rămăsese în cutia de mănuși din mașină, pe care nu au deschis-o. Cât despre Hussein, însoțitorul meu, conveniserăm s-o ia pe alt drum, împreună cu niște prieteni ai lui Omar. Ne-am întâlnit mai târziu acasă la gazdele noastre.

La Falloudja, strada principală arată incredibil de rău: pe margini nu mai sunt decât mormane de moloz sau ziduri de beton găurite de tirurile artileriei și de aviația americană. La unsprezece luni după operațiunea care a durat unsprezece zile, provocând moartea a cincizeci și unu de soldați americani și a opt irakieni din trupele guvernamentale, activitatea principală a bărbaților din acest ex-bastion islamo-baasist constă în a mânui mistria pentru reconstrucția caselor. Blindatele americane nu mai au de ce să țină la distanță automobiliștii, nici să-i amenințe, ca în Bagdad: circulația este strict interzisă în zonă.

Aici ora stingerii este decretată la 10 seara, cu o oră mai devreme decât în capitală. „În caz de urgență, e cumplit", precizează Omar. „Adesea, șoferii noștri de pe ambulanță preferă să nu riște. Dar depinde de noroc. Săptămâna trecută, soției gravide a unui vecin de-al meu i s-a rupt apa exact la ora 10 seara. Nimeni nu îndrăznea s-o ducă la spital. În cele din urmă, am ascuns-o la bordul unui camion de pompieri care a trecut, ca prin miracol!" Pe străzi, neliniștea este evidentă. Magazinele de pe arterele considerate, până nu de mult, comerciale își închid acum porțile spre ora 14. În spatele bazarului central, descoperim noul cimitir, cel al *chadis*-ilor (martiri) agresiunii americane din noiembrie 2004, păzit zi și noapte, unde foarte mulți părinți roiesc încă din zori. Majoritatea școlilor, ale căror clădiri fuseseră rechiziționate de armata americană, sunt tot închise. Copiii n-au nimic de făcut decât să-i spioneze pe americani, în cazul copiilor mici, sau să se înroleze în diferitele armate ale mujahedinilor, în cazul celorlalți.

Omar face diferența între „adevărații mujahedini, inteligenți, străini de strategiile guerrilei", care știu cum să se comporte din punct de vedere politic și militar în cazul unui atac din partea dușmanilor, și ceilalți, plătiți excelent de americani pentru a nu mai lupta împotriva lor, „adevărați branquignoli". El povestește, metodic, cum arată o zi din capitala „triunghiului sunit", cu exploziile de pe străzi și grămezile de gunoi în care mujahedinii ascund bombe, până când americanii au observat și au ordonat să fie curățate cum trebuie toate aceste potențiale curse – „ceea ce a făcut ca orașul să fie mult mai curat!", se amuză el. Chiar Hussein, care nu locuiește foarte departe, la Bagdad, auzise vorbindu-se despre această hărțuire zilnică a rezistenței îndreptată împotriva americanilor. „Doar noi știm toate astea, pentru că trăim cu ușile închise. Ziariștii care lucrează pentru televiziunile străine nu ar risca niciodată să arate coaliția americană într-o asemenea stare...", asigură Omar. „Imamii și predicatorii din moscheile noastre sunt sub strictă supraveghere. Vai de cel care ar expune situația într-o lumină care să nu fie pe placul ocupanților! Într-o zi, unul dintre ei a declarat comunității sale că a observa situația cu răbdare, pasiv, așteptând ca ocupantul să se retragă, e o formă de jihad la fel de lăudabilă ca și cealaltă. A doua zi dimineață, era arestat sub pretext de incitare la violență!"

După părerea lui Omar, nici în domeniul afacerilor nu s-a îmbunătățit mare lucru: „Toată lumea spune: azi, sub ocupație americană, e la fel de greu să faci afaceri ca și sub regimul lui Saddam, pentru că dacă înainte trebuia să ai legături cu anturajul celor din sistem, acum trebuie să fii bine văzut de armata americană, ceea ce e și mai dificil!"

Un învățător la pensie, care a venit la tatăl lui Omar să-i aducă la semnat o petiție împotriva noii Constituții, insistă să-mi vorbească: „În ultimele luni, mi-am dat seama că americanii sunt niște adevărați ucigași... Mass-media din lumea întreagă, care își dăduseră toate întâlnire la Falloudja în acele zile negre de noiembrie s-au volatilizat. Totuși, azi ar trebui de fapt să vină. Pentru că acum multe familii irakiene trebuie să se supună perchezițiilor zilnice ale soldaților americani! Acum suntem opriți de zece ori pe zi de millitarii străini, care ne spun pe ce drum să mergem spre satul *nostru*, satul unde am văzut lumina zilei, unde am crescut și am muncit! Astăzi, «valorile» democratice ne ies pe nas din plin, încât ne punem serioase întrebări despre democrație!", spune el cu patimă, aproape strigând.

Și aici voi auzi aceste acuzații care imputa majoritatea exploziilor chiar ocupanților. Pentru mulți irakieni, Ossama Bin Laden nu este decât o creație a serviciilor secrete americane care le permite să-și legitimeze „cum trebuie" agresiunea. „Însuși Zarqaoui e o creație a lor!

Auzim vorbindu-se despre el tot timpul, dar nu l-am văzut niciodată și începem să ne îndoim serios că există!", pretinde învățătorul. „Americanii nu au decât o singură idee în cap: să provoace războiul civil pentru a stăpâni definitiv țara noastră." Iar „islamiștii" din Falloudja nu au decât un singur repros față de Occident: „faptul că ne-au atacat militar. Poate că mai regretăm și că nu am văzut aproape nicio manifestație anti-război la voi. Asta ne-a înfuriat", mai reproșează el.

Așezați turcește în jurul unei pânze ceruite întinse pe pământ, pe care a fost pusă nelipsita farfurie de orez cu pui, prietenii lui Omar mă prezintă lui Youssouf, un emir (șef) al „armatei lui Mohammed", unul dintre numeroasele grupuri de insurgenți din Falloudja. Youssouf este cunoscut pentru curajul lui în luptă și respectat printre soldați, care îl admiră, și pentru „islamismul" său, adică modul lui de viață în armonie cu preceptele lui Allah. La Falloudja, ca și la Bagdad și peste tot în Irak, rezistența se ferește de orice potențial reporter, și mujahedinul s-a lăsat greu convins să vină la prietenii lui Omar. Obsedați de teama de spioni, mujahedinii se tem ca ziariștii care se prezintă ca atare să nu fi fost trimiși de dușmani. Un potențial interlocutor trebuie să completeze un chestionar foarte detaliat cu privire la motivațiile sale și la viziunea sa despre situația irakiană. Vor citi pe Google ce a scris și ce s-a scris despre el. Chiar dacă numeroasele mele publicații despre Cecenia și referatul despre războiul ruso-cecen[1] au pledat în favoarea mea, a trebuit să aștept câteva zile înainte să primesc un răspuns pozitiv, iar precauțiile cu privire la această întâlnire au fost mari atât din partea rezistenților, cât și a mea.

„Mi-e teamă", recunoaște emirul, vreo patruzeci de ani, fost șofer de autobuz între Falloudja și Bagdad. „Nu pe soldații americani vrem să-i înfruntăm în luptă, ori de câte ori putem, ci pe trădătorii care se infiltrează în rândul nostru. Ar trebui să cunoaștem trecutul fiecăruia dintre soldații noștri, evident, în măsura în care asta e posibil. Cât despre jurnaliști, dacă ați fi avut pașaport american, nu v-am fi primit. Pentru noi, orice jurnalist american este un potențial agent al guvernului de la Washington. De ce-am accepta să-i vorbim?" În orașul distrus,

---

[1] *Cf. Chienne de guerre*, Fayard, 2000, și *La guerre qui n'aura pas eu lieu*, Fayard, 2004.

povestește el, insurgenții au avut destul timp să se regrupeze după asalt. „După ce ne-au bombardat multă vreme, și în condițiile în care scopul oficial al operațiunilor fusese declarat, americanii ne-au ars casele dând vina pe noi. Astăzi, continuă să facă arestări în stânga și-n dreapta. Nu-și dau seama că strategia asta nu are decât o consecință: sleiți de puteri, din ce în ce mai mulți tineri, până acum foarte puțin interesați de jihad, vin să îngroașe rândurile armatei noastre și se radicalizează sub ochii noștri pe măsură ce ura față de invadator devine din ce în ce mai puternică. Până la urmă, comportamentul americanilor influențează pozitiv percepția pe care o are populația asupra noastră: înainte, se întâmpla să fim disprețuiți și uneori marginalizați de proprii noștri concetățeni; astăzi, în ochii lor, suntem eroi!", spune bărbatul. „George Bush chiar a afirmat într-o zi că orice țară sub ocupație are dreptul să lupte, nu? Ei bine, asta facem noi, și îl numim jihad, atâta tot! La început, grupurile noastre nu erau formate decât din tineri marginalizați, ca și mine. Treptat, au apărut combatanți din Siria, din Arabia Saudită, din Iordania și, mai recent, din Afganistan. De la trei operațiuni pe săptămână, am trecut la patru pe zi, cu toate grupurile strânse laolaltă."

Bărbatul cu nasul coroiat, cu barba tunsă și cu părul strălucitor ca smoala își pune alături paharul de Pepsi și așteaptă o altă întrebare.

Oare rezistenții din Falloudja sunt neapărat în favoarea întoarcerii la putere a lui Saddam Hussein? Combatantul surâde și își mângâie barba. „Eu, unul, nu sunt nici fost militar, nici fost membru al partidului Baas. Am un oarecare respect pentru Saddam, chiar dacă nu am fost întotdeauna de acord cu politica lui. Da, sunt sunit, cum erau strămoșii mei", recunoaște el, „dar ce importanță are? Ceea ce contează este că noi toți împreună, suniți, șiiți, îi alungăm pe americani din țară."

Cei aproape zece oameni prezenți dau din cap în tăcere.

Youssouf se definește ca un „salafist normal", adică un partizan al unei doctrine fundamentaliste islamiste sunite revendicând o întoarcere la Islamul începuturilor. Dar ține să nu fie confundat cu cei pe care îi numește „salafiști takfiris", „adevărați teroriști ai grupării Tawhid wal djihad, condusă de Al-Zarqaoui". Despre acesta din urmă, Youssouf nu are „nimic de spus". „Takfirii sunt în favoarea instaurării unui regim islamic pur. Pentru ei, să se uite la televizor este *haram* (păcat), și refuză existența oricărei minorități religioase pe pământul Islamului. Noi suntem în favoarea unui guvern care nu ar fi în întregime islamist, dar ar accepta anumite precepte din *sharia*; altfel, ținem să spunem că tolerăm alte religii, dacă acceptă să trăiască conform regulilor statului nostru."

Youssouf este conducătorul unui grup de aproape trei sute de luptători, pe care îi numește simplu „mujahedinii" lui. Fiecare „armată", explică el pe scurt, este subdivizată în grupe de specialiști care au drept sarcină recunoașterea, explozivele, spionajul etc. Din noiembrie 2004, de vreme ce mulți oameni au pierit sau au fost luați prizonieri, toate grupurile au fost reorganizate. „Am fost loviți, dar suntem încă aici, mai discret decât oricând", mărturisește Youssouf. „Armata" lui – deși refuză să folosească acest termen – are un număr fluctuant de luptători, dar gradele au, bineînțeles, importanța lor. „E ca un copac cu ramuri: fiecare ramură își alege șeful", subliniază el. Nu ne lipsesc armele, dar problema noastră esențială e să ne deplasăm înarmați fără a fi reperați. După evenimentele din noiembrie, am abandonat orice strategie ofensivă și ne limităm la o guerilla defensivă, din când în când cu câteva «contacte» cu ocupanții", explică luptătorul. „Cel mai frecvent punct de conflict este autostrada care merge spre Ramadi și Iordania. Punem cât mai multe bombe la trecerea convoaielor, și uneori împușcăturile durează aproape cincisprezece minute. Săptămâna trecută, într-un astfel de atac, am ucis zece americani. Oficial, au recunoscut pierderea a numai doi oameni, dar, oricum, nu vor sufla niciun cuvânt în mass-media", adaugă el, blazat.

Mass-media cristalizează ura multora dintre mujahedini: „Știm că în străinătate, și mai ales în Occident, avem o reputație proastă din cauza imaginilor cu execuții de ostatici difuzate pe internet", reia Youssouf. „Dar aceste operațiuni foarte mediatizate aparțin grupurilor teroriste, care, de altfel, le revendică întotdeauna. Țin să subliniez că, deși voi, occidentalii, îi considerați teroriști, acești oameni nu au ucis niciodată femei sau copii nevinovați, așa cum nu ezită să o facă armata americană în Irak..." Prudent, Youssouf nici nu denunță, nici nu susține aceste imagini violente care circulă la televizor. Cât despre o operațiune de comando-sinucigași care a făcut o sută paisprezece morți la Hilla în septembrie 2005 (în majoritate ofițeri ai poliției irakiene), el mărturisește doar următoarele: „Avem nevoie să fim uniți împotriva invadatorului, iar acești viitori politicieni care au fost formați de americani sunt niște trădători, pentru că au fost angajați pentru a ucide suniți. Trebuie să-i suprimăm."

În jurul nostru, cei zece oameni își termină masa. Doi dintre ei își trimit unul celuilalt pe telefoanele mobile ultimul răcnet MP3-uri cu cele mai noi șlagăre egiptene sau libaneze. Unul din ei îmi face mândru o demonstrație cu cântece religioase pe care le folosește ca ton de apel, și se amuză la gândul că un individ care folosește astfel de tonuri ar fi imediat arestat dacă această muzică ar răsuna, spre exemplu, într-un aeroport american... Un altul, în vârstă de optsprezece ani, îmi dă mobilul lui ca să văd un clip la modă în mediile islamiste de la Falloudja: o tânără citește Coranul în timp ce fiica ei ascultă muzică: brusc, fiica se apropie de mamă, îi ia Coranul din mână, îl aruncă pe jos și îl calcă în picioare; este imediat transformată în hidoasa femeie-cangur[1]. „Dumneavoastră credeți?", mă chestionează, foarte serios, tânărul. Îi răspund că nu; atunci exclamă: „Asta e diferența între Occident și noi: niciodată nu veți putea accepta puterea Atotputernicului!"

„Nouă nu ne stă în fire să tăiem gâtul ostaticilor", continuă Youssouf, fără să răspundă sentinței tânărului. „Canalul Al-Jazira a difuzat, fără îndoială, aceste videoclipuri ca să transmită un mesaj americanilor... Dar dacă e vorba de un spion, trebuie suprimat", recunoaște el. Rupând mutismul pe care-l afișez de obicei față de interlocutorii mei, oricine ar fi ei, încerc să-l fac pe Youssouf să înțeleagă că aceste imagini nu au doar un impact negativ asupra guvernului american, ci afectează și opinia mondială în ansamblu. După un minut de gândire, emirul adaugă doar: „Dacă grupul meu ar aresta un spion, l-am ucide, desigur, dar fără să filmăm scena. Pentru că nu vrem în niciun caz să atragem atenția

---

[1] Peste patru luni, constat, citind un articol din *Point*, că același clip face furori într-un cartier de la periferia Parisului. Cartierul crede în el „cu încăpățânare". *Cf.* „Deux semaines dans une cité chaude", de Jean-Michel Décugis și Stéphanie Marteau, *Le Point*, nr. 1742, ianuarie 2006, pp. 57-67.

americanilor!" Apoi preferă să schimbe subiectul: „Aud de multe ori spunându-se că suniții sunt supărați pe toată lumea, mai ales pe șiiții din Irak; aș vrea doar să vă reamintesc că grupul nostru — și nu suntem singurii — a organizat deja operațiuni comune cu oamenii lui Moqtada Al-Sadr, cunoscut lider șiit. Suntem de aceeași parte a baricadei și avem aceleași obiective. Dar haideți să vedem cum e cu războiul civil de care americanii se tem că va izbucni «după plecarea lor»: e acolo deja, tangibil, îl trăim zi de zi, provocat de ocupația lor care nu se mai termină; și politica lor «dezbină ca să cucerești» e cea care dă naștere acum unei noi Constituții, creând trei state Irak într-unul singur! Refuzăm să fim conduși atât de iranieni, cât și de americani, și vom rezista atâta vreme cât ne vor amenința aceste două pericole, deodată..."

Îl părăsim pe Omar; Youssouf mujahedinul (care și-a scos *dishdasha* tradițională și și-a pus o pereche de blugi și o cămașă, pentru a se pierde mai bine în mulțime) ține să mă ducă cu mașina unuia dintre prietenii lui până la ieșirea din oraș, crezând că din acel moment sunt sub protecția lui. Una dintre străzile din

Falloudja a fost rebotezată cu numele lui Ahmed Mansour, corespondentul televiziunii catare Al-Jazira care s-a comportat „ca un erou" în timpul „evenimentelor din noiembrie", rămânând de partea populației pe tot parcursul atacului american", explică Youssouf. „Nu cum au făcut colegii lui de la Fox News sau CNN, care au trecut de partea armatei americane!" Avem de trecut două posturi de control, iar Youssuof este înarmat; e sigur că pe sensul nostru de mers nu se va face nicio percheziție. Mă întreb cum se va întoarce acasă. Totul va fi bine: să ieși din Falloudja este, cu siguranță, mai ușor decât să intri.

Reîntorși la Bagdad, schimbăm din nou mașina cu cea a lui Hussein, care are nevoie de benzină. Ne hotărâm să ne așezăm la coadă la una dintre numeroasele benzinării de stat. În timp ce, legănați din nou de melodiile lui Julio Iglesias, ne așteptăm, răbdători, rândul, un Mercedes cu geamuri fumurii se aliniază încet la stânga mașinii care este înaintea noastră la coadă. Se deschide geamul din dreapta față. Un bărbat mascat își îndreaptă pistolul kalașnikov asupra șoferului oprit în dreapta sa, cu geamul coborât. Rafala nu durează decât câteva secunde, după care ucigașii pleacă în trombă. Vehiculul din fața noastră este tot murdărit de sânge, iar șoferul, mort. Ocolim vehiculul încremenit; mașinile din spate urmează docil mișcarea. „Cum să mai trăiești în țara asta?", comentează cu voce tare Hussein, care, ca majoritatea irakienilor, nu se mai gândește decât să emigreze. „Nu mai lipsește decât să fim acceptați acolo, în Occident", suspină el.

Concluzie

Și în Afganistan, și în Pakistan, și în Irak, promisiunile guvernului au eșuat, iar conflictele se prelungesc la nesfârșit, fiind prea puțin relatate în mass-media occidentală. De cinci ani, securitatea în Afganistan nu a crescut, aliatul pakistanez este din ce în ce mai greu de controlat, iar violența din Irak nu dă niciun semn că se va potoli. A fost uitat pariul președintelui american George Bush de a trece rapid ștafeta unei puteri irakiene instalate în urma alegerilor legislative din 15 decembrie 2005 și de a-și repatria armata începând cu primăvara lui 2006. De asemenea, au fost uitate mărețele discursuri cu privire la succesul operațiunii „Enduring Freedom" din Afganistan și zadarnicele promisiuni de a-l scoate din bârlog pe Ossama Bin Laden, „mort sau viu".

Deși se presupune că NATO ar trebui să-și extindă misiunea Forței sale internaționale de asistență pentru securitate (ISAF[1]) în sudul și

---

[1] International Security Assistance Force.

estul Afganistanului, începând din 2006, de la sfârșitul lui 2005 atacurile ucigașe ale talibanilor, dintre care paisprezece atacuri-sinucigașe, nu încetează să se înmulțească[1] în aceste regiuni. Cu prilejul conferinței „Afganistan Compact", care, la începutul lui februarie 2006, a reunit, la Londra, mai mult de șaizeci de țări, Washington și Londra, cele două guverne care sunt cel mai implicate, au promis aproape două miliarde de dolari ajutor suplimentar și au recunoscut că 2005 a fost anul cel mai sângeros de după căderea talibanilor. Fără nicio ezitare, insecuritatea a fost plasată încă o dată în capul listei de preocupări. Afganistanul a primit deja, la Tokyo, în 2002, și la Berlin, în 2004, aproape treisprezece miliarde de dolari ajutor, care nu au dat, din nefericire, rezultate concrete: la mai mult de patru ani de la plecarea forței talibane, în țară tot nu sunt drumuri asfaltate, apă potabilă și electricitate permanentă; toate proiectele de reconstrucție au fost întârziate. Mulți dintre afgani critică mereu corupția din jur, dând vina

---

[1] Pe 7 februarie 2006 treisprezece persoane au fost ucise și încă treisprezece, rănite, dintre care unele grav, cu prilejul unui atentat sinucigaș în fața comisariatului principal al orașului Kandahar, atentat revendicat de talibani.

în aceeași măsură pe propriul guvern și pe organizațiile internaționale de ajutorare, pentru că au folosit greșit fondurile sau, pur și simplu, pentru că au furat banii!

Desigur, Afganistanul are astăzi o Constituție, un președinte și un parlament ales, dar nesiguranța, terorismul și traficul de droguri[1] au proliferat. Chiar această conferință din 2006 a fixat indicatorii sociali și economici pentru ca, la sfârșitul lui 2010, cel puțin 65% dintre case în marile zone urbane și 25% în regiunile rurale să fie echipate cu electricitate, în timp ce 60% dintre fete și 75% dintre băieți vor fi înscriși la școlile primare. Pe de altă parte, în această perioadă, Kabul se mai angajează să-și completeze armata națională cu un efectiv triplat cu 70 000 de bărbați. În sfârșit, de acum până la sfârșitul lui 2007, toate grupurile armate ilegale ar trebui să fie nimicite, o provocare mai degrabă grea, pentru că numeroși foști talibani sau „comandanți" apropiați de puterea actuală refuză să-și abandoneze milițiile.

Puțin mai spre vest, în capitala irakiană, „triunghiul sunit" și, poate, orașul Kirkouk (unde

---

[1] Afganistanul furnizează 87% din heroina consumată la nivel mondial.

tensiunile dintre grupurile etnice nu se mai termină niciodată[1]), violențele sunt la ordinea zilei. „Democratizarea" Orientului Mijlociu bate pasul pe loc: Hamas, organizație înscrisă de Statele Unite pe lista mișcărilor teroriste, a câștigat alegerile palestiniene, iar partidele religioase șiite, pe cele din Irak, unde situația politică internă pare blocată: Alianța irakiană unificată, această listă șiită care a câștigat majoritatea locurilor la alegerile legislative din 15 decembrie 2005, insistă ca guvernul format să reflecte exact rezultatul scrutinului. Abdel Aziz Al-Hakim, cel mai puternic lider șiit, a spus de mai multe ori că șiiții s-ar opune anumitor cereri ale suniților – anularea rezultatelor alegerilor și, mai ales, amendarea Constituției. Acest lider refuză și ca suniții să fie numiți în posturi guvernamentale cheie, precum Ministerul Apărării sau cel de Interne. Cât despre suniți, ei susțin că acea Constituție adoptată prin referendum conținea o clauză care permite modificarea textului său

---

[1] Pe 29 ianuarie 2006, la Kirkouk au explodat mai multe bombe amplasate în mașini, provocând un mort. Bombele vizau bisericile din oraș. *Cf.* „City's ethnic and religious groups are warning of creeping sectarianism", de Samah Samad, la Kirkouk (ICR nr. 162, 1 februarie 2006, www.iwpr.net).

după formarea adunării generale permanente; astăzi, ei amenință să boicoteze noul guvern.

Să cercetăm statisticile militare: la începutul lui februarie, decesele în rândul britanicilor depășeau cifra simbolică de o sută de militari (într-un contingent de 8 000 de indivizi amplasați în sudul șiit), trupele americane (136 000[1]) numărau al 2241-lea soldat dispărut de la invazia din aprilie 2003. Conform declarațiilor generalului George Casey, comandantul-șef american, reduceri sensibile ale efectivelor ar putea avea loc în primăvara lui 2006, după formarea și intrarea în funcție a unui guvern irakian. Putem să ne imaginăm că, deși nu a fost precizat nimic în mod concret, o retragere generală a trupelor americane ar putea fi prevăzută în cursul anului 2008, adică puțin înainte de alegerile prezidențiale din noiembrie, astfel încât subiectul războiului din Irak, de care opinia publică s-a săturat deja, să treacă pe planul al doilea.

Al-Jazira, postul de televiziune catar, ocupă un loc din ce în ce mai important în peisajul mediatic. Prin intermediul programelor acestui post arabo-musulman și al celor ale CNN-ului, o

---

[1] Acestea au fost sensibil reduse după alegerile legislative din decembrie 2005. Înainte de acest scrutin, totalizau 160 000 de persoane în Irak.

televiziune care prezintă informații exclusiv americane, cele două lumi se privesc și se înfruntă. Să adăugăm că unele evenimente mediatice de impact au contribuit la stigmatizarea puternică a reprezentării Occidentului în rândul țărilor musulmane: cine a putut să uite, în primăvara lui 2004, imaginea femeii-soldat americane Lynndie England ducând în lesă un prizonier irakian pe culoarele sordidei închisori de la Abou Ghraib, nu departe de Bagdad? Această imagine a făcut înconjurul lumii și, în luna iunie a aceluiași an, l-a inspirat pe Salah Eddine Sallat, un artist iranian. Copiată, pictată, mărită și stilizată, ea a fost reprezentată pe zidul uneia dintre străzile principale din Teheran alături de imaginea nu mai puțin vestitului prizonier pe jumătate gol, în picioare pe un soclu de pe culoarul aceleiași închisori, cu o pungă pe cap pe post de cagulă și îmbrăcat cu un poncho negru destrămat, cu fire electrice atârnându-i de fiecare dintre membre[1].

---

[1] Această instalație artistică a fost fotografiată și expusă în Spania. *Cf.* catalogului expoziției, *Occident vist des d'Orient*, „Occidentul văzut dinspre Orient", Centre de cultura contemporania de Barcelona, text în catalană cu o prefață de Abdelwahab Meddeb, „Politici ale imaginii. Imagini ale politicii" (*Politiques de la imatge. Imatges de la politica*), 2005.

Cât despre mesajele video ale lui Ossama Bin Laden și ale zbirilor săi, toate difuzate la ore de maximă audiență pe canalele de televiziune arabe (cel mai frecvent pe Al-Jazira) și reluate pe canalele occidentale, acestea nu mai uimesc pe nimeni și dovedesc că filiera difuzării lor nu a pierdut nimic din eficacitate. Pe 19 ianuarie 2006, o casetă care conține un mesaj al presupusului șef Al-Qaida, primul după mai mult de un an și jumătate, punea capăt speculațiilor cu privire la moartea vestitului terorist. Cum e evident că lucrurile nu merg prea bine în lume, cuvintele lui Ossama Bin Laden au avut un impact imediat asupra pieței de carte din Statele Unite: în declarația sa, șeful terorist le ordona americanilor să citească opera unui anume William Blum, un obscur autor de stânga de 72 de ani. Cartea lui *Rogue State, A Guide to the World's Only Superpower*[1], publicată în 2000, fără să fi fost remarcată, care trece în revistă toate „crimele" politicii externe americane începând din 1945, a ajuns imediat în fruntea vânzărilor pe

---

[1] Cartea (în franceză *L'Etat-voyou: un guide de l'unique superpuissance mondiale*, Parangon, 2001) a fost editată de Common Courage Press, 2000, 320 pagini.

site-ul www.amazon.com, unde, într-un singur weekend, a trecut de pe locul 106 598 pe locul 26!

Pe 13 ianuarie 2006, un raid american foarte controversat asupra satului pakistanez Damadola[1] (în nordul zonelor tribale limitrofe Afganistanului) punea punct, credeam noi, uneltirilor lui Azman Al-Zawahiri, numărul doi din rețeaua teroristă internațională; dar pe 30 ianuarie Al-Zawahiri în persoană apărea pe Al-Jazira! Mai hotărât ca niciodată, cu privirea tăioasă în spatele ochelarilor de plastic, mâna dreaptă a lui Bin Laden profera amenințări subliniate de un deget acuzator îndreptat spre George Bush: „Nu voi muri decât la vremea și în felul hotărâte de Allah, și nici tu, nici întreaga lume creștină nu veți putea schimba ceva în privința asta. Te întrebi unde sunt? Sunt printre musulmani și mă bucur de sprijinul lor, de atenția lor, de generozitatea și protecția lor, dar și de participarea lor la jihad." Cuvinte sfidătoare, o transmisiune mai mult decât rapidă a casetei incendiare: nu este oare a nu știu câta lovitură împotriva CIA și a tuturor serviciilor de informații din lume?

*

---

[1] Acel raid aerian a provocat moartea a șaptesprezece persoane.

După această incursiune printre „islamiștii" din cele trei țări responsabile de declanșarea „războiului împotriva terorii", nu mai am nicio îndoială: milioanele de musulmani și de „islamiști" care se confruntă zilnic cu consecințele a ceea ce ei numesc „imperialismul american" sunt convinși că lumea occidentală a pierdut simțul valorilor capitale și, mai ales, simțul onoarei, al onoarei proprii și a celorlalți. Un musulman consideră violul și crima drept atentate la demnitate. Astfel, el nu poate concepe cum, în Occident, violul nu e pedepsit la fel ca și crima. Este, de asemenea, clar că viața biologică, devenită la noi valoare supremă, la fel ca și eutanasia, legalizată în unele țări europene, sunt extrem de șocante pentru un musulman. Pe scurt, Occidentul nu-și dă seama că altundeva în lume poate umili, răni și șoca.

Iar acestei lipse de înțelegere i se adaugă, în țările în chestiune, impresia difuză că „un club de bogătași" care joacă rolul unui „guvern mondial" ar hotărî astăzi pentru toți ceilalți, neținând cont de diversitatea valorilor, mai ales religioase. „Avem urgent nevoie de încredere reciprocă", s-a pronunțat răspicat, în februarie, ideologul extrem Tariq Ramadan, cu privire la criza provocată de caricaturi. Înainte de încredere, e nevoie de curiozitate. Dar nu e deloc ușor să-l privești pe celălalt cu o curiozitate dezinteresată, mai ales dacă, așa cum se întâmplă în prezent, musulmanii se străduiesc să provoace o privire critică asupra lor înșiși (și asupra reprezentării pe care o avem noi despre ei). Oricum, occidentalii ar trebui să-și impună, cât mai curând, aceeași severitate cu privire la ei înșiși ca cea pe care o afișează cu privire la musulmanii din Europa și la musulmani în general.

Cuprins

Prefață de Dominique Wolton 7
Introducere 21

În Pakistan 33
În Afganistan 73
În Irak 103

Concluzie 165

Pentru comenzi și informații, contactați:
GRUPUL EDITORIAL CORINT
Departamentul de Vânzări
Str. Mihai Eminescu nr. 54A, sector 1,
București, cod poștal 010517
Tel./Fax: 021.319.47.97; 021.319.48.20
Depozit
Calea Plevnei nr. 145, sector 6, București, cod poștal 060012
Tel.: 021.310.15.30
E-mail: vanzari@edituracorint.ro
Magazin virtual: www.edituracorint.ro

ISBN: 978-606-793-016-0

Format 16/54 x 84
Coli tipo: 11
Tiparul executat la:

EVEREST *din 1994*
TIPOGRAFIA
DE 20 DE ANI PREGĂTIM VIITORUL